Spanish
FOR LEISURE & TOURISM
studies

LEISURE & TOURISM · LEISURE & TOURISM · LEISURE & TOURISM · LEISURE & TOURISM · LEISURE & TOURISM

VICKY DAVIES and ALVARO JASPE

Hodder & Stoughton

A MEMBER OF THE HODDER HEADLINE GROUP

ACKNOWLEDGEMENTS

The authors and publishers would like to thank the following for the use of their material in this book:

Mundi Color Iberia; Secretaria Xeral para o Turismo da Xunta de Galicia; Dirección General de Turismo, Murcia and D. José Miguel García Cano; Oficina de Coordinación del Programa de Agroturismo de la Comunidad Autónoma del País Vasco for the two extracts from the Guía de Alojamientos, País Vasco; la Empresa Pública 'Turismo de Andalucía'; The Toastmaster's Inn and Restaurant, Burham; The Patrick Collection; the Duke of Roxburghe, Floors Castle; Highfield Hotel, Keighley; Coppers Lodge Guest House, York; The West Yorkshire Playhouse; The Old Forge at Totnes; Banco Popular Español; Cadbury World; Universidad de Alcalá de Henares; Iberia Airlines; Invicta Line Cruises Ltd.; Libra Court Craft Workshops, Sidmouth; Strood Sports Centre; Deangate Ridge Sports Complex; The Whitbread Hop Farm; The Milford Haven Museum; Derry City Council, The Tower Museum; The Old Bushmills Distillery Co. Ltd.; The Cefn Coed Colliery Museum; John Laird Public Relations for Tyrone Crystal; Ayuntamiento de Vitoria-Gasteiz; Country Club Hotels; The Gower Hotel, Saundersfoot; Hotel Ciudad de Vitoria; Dan-yr-Ogof Showcaves; Oakgrove Manor, Derry; The Trustees of the Ulster Folk and Transport Museum; the Generalitat de Catalunya for Catalunya Benvinguts; Armagh District Council for the Palace Stables Heritage Centre; Chatham Historic Dockyard Trust; and finally, Leeds Castle, Kent. Please note that the prices and times given in this book are mainly from 1993 and are subject to change.

Every effort has been made to trace and acknowledge ownership of copyright. The publishers will be glad to make suitable arrangements with any copyright holders whom it has not been possible to contact.

British Library Cataloguing in Publication Data

A catalogue for this title is available from the British Library

ISBN 0 340 60713 0

First published 1994
Impression number 10 9 8 7 6 5 4 3
Year   1998 1997

Copyright © 1994 Vicky Davies and Alvaro Jaspe

Typeset by Wearset, Boldon, Tyne and Wear.
Printed in Great Britain for Hodder & Stoughton Educational, a division of Hodder Headline Plc, 338 Euston Road, London NW1 3BH by Scotprint Ltd, Musselburgh, Scotland.

CONTENTS

INTRODUCTION

AIMS AND INTENTIONS OF THE COURSE

The course is aimed at professionals or students in the tourism and leisure industries (accommodation, catering, sports and leisure, heritage centres etc.) who are beginners, or very near beginners in Spanish. The aim is to avoid communication deadlocks and upgrade the overall standard of customer care in these industries by providing employees with language competence essential for successful communication with customers who do not speak English. It will also prove useful to those wishing to familiarise themselves with the specific vocabulary of the leisure and tourism industries.

The course is designed for tutorial use, with trainees completing the 12 Units over 60 to 70 hours. It can also be used for self-study. The course is essentially communicative, and is based on typical situations in which trainees would be expected to be able to provide assistance to customers in the foreign language. Two main functions have been identified at this level: responding to the customer's request for assistance and responding to everyday problems.

The basic language skills required are those of understanding the Spanish speaker and of communicating with him or her using key phrases. We have recognised the fundamental dichotomy between passive and active knowledge: the language which trainees need for comprehension purposes, and that required for oral communication. Whilst both are essential, we feel it is necessary to treat each separately at this level of linguistic competence.

In writing the material, we have also taken into account the Language Lead Body Modern Languages standards. The material is therefore especially relevant to students in Further Education following courses such as BTEC Certificates and Diplomas, or other NVQ courses.

COURSE CONTENT

This book is unique in that it concerns the provision of service from the point of view of British leisure and tourism professionals. The extensive research carried out has led us to the creation of a variety of situations, each reflecting a specific need. Those needs were identified as: reception, information, food service and sales.

The course is structured as a series of 12 Units, each of which is centred around one particular leisure or tourist attraction, and focuses on typical situations that a member of staff working there may have to deal with, such as: welcoming, advising, helping or serving Spanish-speaking customers. Within each Unit, particular emphasis is placed upon listening and speaking. Although the trainee is exposed to some written material, this is mostly for reading comprehension purposes and he or she is not expected to produce items of written work of any great length.

We have also identified a need for cultural input. There are a number of misunderstandings and potentially embarrassing situations arising from ignorance of each others' customs. In each Unit we try to point out relevant differences as they occur in the situations concerned.

The realia included is authentic material gathered both from English and Spanish-speaking countries. This is used to illustrate how the target language is used in the situations highlighted. The situations themselves are all based in the United Kingdom.

The Assignments provided at the back of the book are designed to verify trainee progress and to assess their ongoing competence. These can easily be incorporated into a syllabus-imposed assignment scheme.

USER'S GUIDE

As this is a course intended for beginners, the range of language used (vocabulary and structures) increases in each Unit. It is therefore preferable to use the book in chronological order. Although each Unit is based on a different type of leisure or tourism centre, most of the language functions used are common to all sections.

UNIT FORMAT

Each Unit comprises three situations which follow the same format, as outlined below.

Vocabulario

A presentation of essential words and phrases to aid comprehension of the situation identified. This can later be used as a learning and pronunciation tool since the vocabulary is recorded on tape.

Conversación

A sample conversation to illustrate the given situation. This can be used for listening comprehension, reading and pronunciation practice.

Explicaciones

A brief outline of the major grammatical points and idiomatic phrases which are new to the trainees. These sections are sometimes illustrated for ease of assimilation, but are not designed as a formal study of grammar.

¡Info!

Where relevant cultural differences or idiosyncrasies have been highlighted to help trainees understand some difficulties which their customers may experience.

Comprensión

A series of exercises based on the grammatical and/or semantic content of the situation under review. These often use authentic material, so as to acquaint the trainee with the in-situ jargon of the industry. It is not expected that the trainee necessarily understands the material fully, but rather that he/she recognises and learns the appropriate language for a given situation.

Ejercicios

These are practical and/or oral activities designed to give the trainee the opportunity to apply knowledge acquired from each situation in realistic simulation exercises.

Assignments

There are four Assignments which are designed to assess trainee competence at regular intervals throughout the course. They should be carried out at three-unit intervals.

Key

Comprises the answers to the **Comprensión** and **Ejercicios** sections, but does not include the tapescript of recorded material.

Tapescript

All oral activities i.e. listening or speaking, including the **Vocabulario**, **Conversaciones** and **Ejercicios** are recorded.

Unidad Uno

EN EL BED AND BREAKFAST

SITUACION A: *el señor García reserva una habitación en el Whitesands Bed and Breakfast*

VOCABULARIO

buenos días	*good morning*
quiero reservar una habitación	*I'd like to reserve a room*
por favor/gracias	*please/thank you*
para una/dos persona(s)	*for one person/two people*
muy bien	*very good/well*
¿cuánto es?	*how much is it?*
diez libras cada persona	*ten pounds per person*
¡estupendo!	*excellent!*
¿en qué nombre?	*what name is it?*
adiós	*goodbye*

SR. GARCIA: Buenos días, ¿el Whitesands Bed and Breakfast?
EMPLEADA: Sí Señor.
SR. GARCIA: Quiero reservar una habitación, por favor.
EMPLEADA: Sí Señor. ¿Para una persona?
SR. GARCIA: No, para dos personas.
EMPLEADA: Muy bien, Señor.
SR. GARCIA: ¿Cuánto es?
EMPLEADA: Diez libras cada persona.
SR. GARCIA: ¡Estupendo!
EMPLEADA: ¿En qué nombre?
SR. GARCIA: García.
EMPLEADA: Gracias Señor.
SR. GARCIA: Gracias y adiós Señora.
EMPLEADA: ¡Adiós! Señor García.

EXPLICACIONES

Greetings

¡Buenos días!

¡Buenas tardes!

¡Buenas noches!

Numbers

You may already know some numbers in Spanish. Listen to the tape and read the words as you go. Remember that uno (un) *and* una *can mean 'one', 'a' or 'an'.*

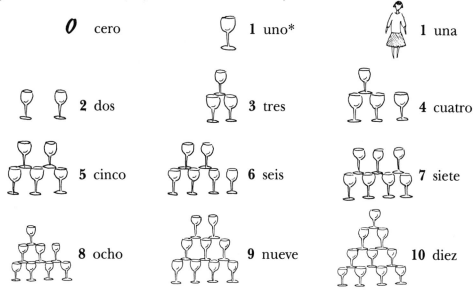

0 cero

1 uno*

1 una

2 dos

3 tres

4 cuatro

5 cinco

6 seis

7 siete

8 ocho

9 nueve

10 diez

* *Notice that* uno *becomes* un *when it is followed by another word.*

Pronunciation

The letter c *changes its pronunciation, depending on the letter that follows:*

c + a,o,u → *sounds like the English letter 'k' e.g.* **cu**ánto

c + e,i → *sounds like the English sound 'th' e.g.* **ci**nco

The letter z *is also pronounced like the English sound 'th' e.g.* die**z**.

INFO

- In Spain it is polite to add *Señor* (Sir), *Señora* (Madam) or *Señorita* (Miss) after a greeting.
- *Señora* is used for married ladies, and *Señorita* for unmarried ones. If you are in doubt, use *Señora* to all but very young women.
- There is no equivalent to 'Ms'.

COMPRENSION

Look at the following advertisements and see how much you can already understand.

■ **Hoteles seleccionados en Barcelona:**

Barcelona

HOTEL GOTICO H '''
Situación: En el centro de la ciudad y en el corazón del Barrio Gótico, entorno del Palacio de la Generalitat, Ayuntamiento, Catedral.....
Habitaciones: Con baño completo, TV antena parabólica, hilo musical, canal privado de video, caja de seguridad individual, aire
acondicionado, calefacción..

Barcelona

HOTEL RONDA H '''
Situación: En el centro de Barcelona, cerca de las Ramblas, del Barrio Gótico.....
Habitaciones: Con baño completo, teléfono directo, TV color con canal privado, hilo musical, aire acondicionado y calefacción,
parking propio.
Complementos: Salones para convenciones y reuniones, restaurante, snack-bar.

Barcelona

HOTEL RIALTO H '''
Situación: En el centro de la ciudad y en el corazón del Barrio Gótico, en plena zona comercial, junto al Ayuntamiento, Palacio de la
Generalitat.....
Habitaciones: Con baño completo, TV color con antena parabólica, mini-bar, hilo musical, canal privado de video, cajas de seguri-
dad individual. Aire acondicionado, calefacción e insonorización.
Complementos: Salón de reuniones y de desayunos, cafeteria.

Barcelona

HOTEL SUIZO H '''
Situación: En el centro del Barrio Gótico, en el corazón de Barcelona junto a la catedral, Ramblas..... en pleno centro comercial.
Habitaciones: Con baño completo, teléfono con linea directa, hilo musical, mini-bar, TV color con canal privado del hotel, caja de
seguridad individual, calefacción y aire acondicionado.
Complementos: Salones para banquetes y reuniones, nack-bar, restaurante.

Barcelona

HOTEL REGINA H '''
Situación: En el centro de la ciudad. A 30 mts. de la Plaza de Cataluña y a 50 de las Ramblas.
Habitaciones: Baño completo, TV color con video y antena parabólica, mini-bar, insonorización, aire acondicionado y calefacción.
Complementos: Restaurante.

Barcelona

HOTEL REDING H '''
Situación: En pleno centro de Barcelona, a 200 mts. de la Plaza de Cataluña y a 100 mts. de la Plaza Universidad. Muy cerca del
Barrio Gótico.
Habitaciones: Con cuarto de baño completo, TV color con mando a distancia, teléfono, hilo musical y mini-bar.
Complementos: Salones sociales, restaurante, cafeteria, garaje cerrado propio.

EJERCICIOS

1 Look at the illustrations below, and match them up with the correct words/
phrases.

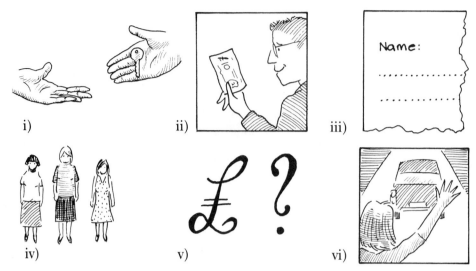

i)   ii)   iii)

iv)   v)   vi)

a) ¿Cuánto es?   b) ¡Gracias!   c) Para tres personas
d) ¿En qué nombre?   e) ¡Adiós!   f) Diez libras cada
                                              persona

2 Look at the words below and decide whether the letter 'c' in each should be
pronounced as 'k' or 'th'.

gracias	cada	habitación
García	cuánto	explicación

Now listen to the tape and practise your pronunciation.

3 In the following dialogue you are the receptionist at the Cliff View Hotel. Deal
with the phone call from a Spanish lady.

– Buenos días Señora.   – (*Greet the caller.*)

– Quiero una habitación.   – (*Say yes. Ask if it is for one person.*)

– No, una habitación para dos personas. – (*Say yes.*)

– ¿Cuánto es?   – (*Say eight pounds per person*)

– ¡Estupendo!   – (*Ask for the name.*)

– Pinto.   – (*Say thank you Madam.*)

– Gracias y ¡adiós!

SITUACION B: *el señor y la señora García llegan al Whitesands Bed and Breakfast*

VOCABULARIO

tengo/tienen	*I have/you have*
a nombre de	*in the name of*
eso es	*that's right*
una noche	*one/a night*
solamente	*only*
de acuerdo	*all right/OK*
con dos camas individuales	*with twin beds*
el cuarto de baño	*bathroom*
de nada	*you're welcome*

SR. GARCIA: Buenos días Señora.

EMPLEADA: Buenos días Señor.

SR. GARCIA: Tengo una reservación a nombre de García. G–A–R–C–I–A.

EMPLEADA: Sí Señor. Es para dos personas.

SR. GARCIA: Eso es.

EMPLEADA: ¿Es para una noche solamente?

SR. GARCIA: No, para dos noches.

EMPLEADA: Muy bien. Tienen la habitación número seis.

SR. GARCIA: De acuerdo.

EMPLEADA: Es una habitación con dos camas individuales . . .

SR. GARCIA: Estupendo.

EMPLEADA: . . . con cuarto de baño.

SR. GARCIA: Muy bien. Gracias Señora.

EMPLEADA: De nada Señor.

The alphabet

Listen to the tape and follow the letters carefully. Play it over several times until you recognise all the letters. Notice that Spanish has some extra letters not found in English:

A	B	C	CH	D	E	F	G	H	I
J	K	L	LL	M	N	Ñ	O	P	Q
R	S	T	U	V	W	X	Y	Z	

If you have a double letter in a word, just put dos *in front, although examples of this in Spanish are rare.*

Saying I, you etc.

yo	*I*		nosotros	*we*	
tú	*you**	} *singular forms*	vosotros	*you**	} *plural forms*
usted	*you***		ustedes	*you***	
él	*he*		ellos	*they*	
ella	*she*		ellas	*they*	

* These forms are for people you know quite well, so you should stick to the usted *and* ustedes *forms with customers and visitors.*
** usted and ustedes are polite forms and are usually abbreviated to Ud and Uds in writing.

Tener *(to have, hold)*

In the dialogue you have seen tengo *and* tienen. *The rest of the verb goes as follows:*

(yo) tengo	*I have*	(nosotros) tenemos	*we have*
(tú) tienes	*you have*	(vosotros) tenéis	*you have*
(usted) tiene	*you have*	(ustedes) tienen	*you have*
(él/ella) tiene	*he/she has*	(ellos/ellas) tienen	*they have*

*When speaking Spanish, it is quite usual **not** to say 'I', 'you' etc. before the verb:*

tengo una reservación	*I have a reservation*
tienen la habitación número seis	*you/they have room number six*

INFO

Spanish-speaking visitors may be confused by the notion of 'Bed and Breakfast', as they are used to the following classes of overnight accommodation:

hotel – a hotel

hostal – a guest house

pensión – a cheaper guest house with no en-suite facilities

COMPRENSION

Look at the advertisements below, and identify the facilities and the price range of the three types of accommodation.

INSTRUCTIONS

All the establishments in this guide have been classified according to respective municipal jurisdictions. The capital of each province is identified by the letter C.

HOTEL ESTABLISHMENTS
Hotels are shown with colour codes and the following indications:

Establishment	Group Category N.º Rooms	SEASONS High Season Middle Season Off Season	DOUBLE ROMM Bathroom-Sink	Breakfast Lunch Dinner VAT included	SERVICES

Establishment: indicated by commercial name. address. telephone/FAX and Director's name.

Group, category and n.º of rooms: H: Hotel; HR: Hotel-Residency: HA: Hotel Apartment; RA: Residency Apartment. M: Motel; HS: Hostal; P: Pension: HSR: Hostal-Residency. (R: Establishment does not provide dining facilities. though it may serve breakfast and have a cafeteria).

Seasons: Besides High, Middle and Low Seasons, others indicated are NV: Christmas («Navidad» in Spanish); and SS: Holy Week («Semana Santa»).

Double Room: Room price corresponds to respective season. with bath or sink, accordingly. Single Rooms are usually price around 80 or 70% of doubles.

SERVICES: 1. Central location. 2. Picturesque site. 3. Historic Building. 4. Garage. 5. Parking. 6. Nearby public transport. 7. Lift. 8. Access for disabled. 9. Central heating. 10. Individual heating. 11. Air conditioning in Main Hall. 12. Air conditioning in room. 13. Medical service. 14. Child care. 15. Playground. 16. Convention Hall. 17. Simultaneous Interpretation. 18. Currency Exchange. 19. Safe deposit for valuables. 20. Individual safes. 21. Suites-Halls in room. 22. Dogs allowed. 23. 24-hour room service. 24. Telephone in room. 25. Radio music in room. 26. TV in room. 27. VCR in room. 28. Parabolic antenna. 29. Minibar. 30. Women's hairdresser. 31. Men's hairdresser. 32. Bar-cafeteria. 33. Discotheque. 34. Terrace-Garden. 35. Swimming pool. 36. Heated pool. 37. Tennis. 38. Squash. 39. Golf. 40. Minigolf. 41. Sauna. 42. Gimnastics. 43. Credit cards accepted. 44. Hairdryers in room. 45. Shops.

RIO
P DESIDERIO VARELA. 3   HSR   01.01 AL 31.12
TLFNO. 701907   ★ ★   01.06 AL 30.09.SS   4000   3500   0¹
PRIMITIVO MIRAS SANCHEZ 12   01.10 AL 31.05
     2700   2500   NO

PUÑAL
PONIENTE. 13   01.01 AL 31.12
TLFNO. 700915   HS   01.06 AL 01.10   3300   2300   01.06.09.24.26
FCO. PUÑAL POSE
     20   02.10 AL 31.05   2400   1900   NO

CARIÑO

CANTABRICO
ROSALIA DE CASTRO. 1   01.01 AL 31.12
405373   P   01.06 AL 30.09.SS   5500   4000   350   01.32
MANUEL DIAZ MARTINEZ   12   01.10 AL 31.05   1500
     4800   3500   1500 NO

BOIRO
JOPI-2   01.01 AL 31.12   6500   425   01.04.06.07.08.09.10
DERECHOS HUMANOS   H   01.06 AL 15.09   5900   2125   16.18.19.24.25.26.32
TLFNO. 844470   ★   16.09 AL 31.05   1900
JOSE PIÑEIRO PIÑEIRO   25   NO

EJERCICIOS

1 Listen to the tape and write down the letters you hear.

    a) __   b) __   c) __   d) __   e) __   f) __

2 Now write down the words spelt out on the tape.

    a) __   b) __   c) __   d) __   e) __   f) __

3 Listen to the tape and circle the numbers as you hear them.

6	7	5	9	2	1	2
4	10	3	8	5	7	3

4 Listen to the dialogue again, and mark the sentences below true or false.

    a) Señor García wants a room for two nights.

    b) He has room number seven.

    c) The room has a double bed.

    d) The room has a bathroom.

    e) Señor García does not find the room suitable.

5 You play the part of the receptionist at a 'Bed and Breakfast'. Help the guest with his enquiries.

– Buenos días Señora.   – (Say good morning Sir.)

– Tengo una reservación.   – (Ask for the name.)

– Batista. B–A–T–I–S–T–A.   – (Ask if it is for one night only.)

– No, para cuatro noches.   – (Say that will be fine. Tell the guest he has room 8.)

– ¿Es una habitación con cuarto de baño?   – (Say yes.)

– Muy bien. Gracias.   – (Say you're welcome.)

SITUACION C: *la familia española hace preguntas sobre el Bed and Breakfast*

VOCABULARIO

¿dónde está/están?	*where is/are?*
la puerta	*the door*
a la derecha/izquierda	*on the right/left*
los servicios	*the toilets*
detrás de usted	*behind you*
para el desayuno	*for breakfast*
el comedor	*the dining room*
allí	*over there*
¿hay un salón?	*is there a lounge?*
delante de usted	*in front of you*

Sr. Garcia: Por favor, Señora. ¿Dónde está la habitación número seis?

Empleada: La habitación número seis, es la puerta a la derecha.

Sr. Garcia: ¿Y el cuarto de baño?

Empleada: El cuarto de baño es la puerta a la izquierda.

Sr. Garcia: Gracias Señora. ¿Y dónde están los servicios?

Empleada: Detrás de usted. Para el desayuno, tiene el comedor.

Sr. Garcias: ¿Dónde está el comedor?

Empleada: Allí Señor.

Sr. Garcia: Muy bien. ¿Hay un salón?

Empleada: Sí, delante de usted.

Sr. Garcia: Gracias Señora.

EXPLICACIONES

El, la, los, las

In Spanish, everything is either masculine or feminine. The words above all mean 'the', but are used depending on whether the following word is masculine, feminine, singular or plural. Look at the illustrations below.

el señor

la señora

los niños

las puertas

In general, words ending in o *are masculine, and those ending in* a *are feminine. To make absolutely sure, each time you learn a new word, learn whether it is masculine or feminine.*

To make things plural, add an s *to words ending in a vowel:*

una puerta   dos puerta**s**

and es *to words ending in a consonant:*

una habitación   tres habitacion**es**

Un, una and unos, unas

When you want to say a/an use un *or* una, *and when you want to say some, use* unos *or* unas. *Look at the illustrations.*

un señor

una señora

unos niños

unas puertas

Ser/estar   *(to be)*

In Spanish there are two words meaning 'to be', which can be quite confusing!

Ser is used to describe the identity or nature of something that does not change:

es el Señor García	*he is Señor García*
es la puerta a la derecha	*it is the door on the right*

Estar is used to describe a temporary condition, and is always used to say where things are:

estoy cansado ahora	*I am tired now*
la habitación *está* a la derecha	*the room is on the right*

The rest of the two verbs are formed as follows:

	ser	**estar**	
yo	soy	estoy	*I am*
tú	eres	estás	*you are*
usted	es	está	*you are*
él/ella	es	está	*he/she is*
nosotros	somos	estamos	*we are*
vosotros	sois	estáis	*you are*
ustedes	son	están	*you are*
ellos/ellas	son	están	*they are*

INFO

Spanish visitors will not be used to a full English breakfast, as they usually just have coffee and toast *(un café y una tostada)*.

COMPRENSION

1 *Look at the illustrations below and match them up with the correct words/phrases.*

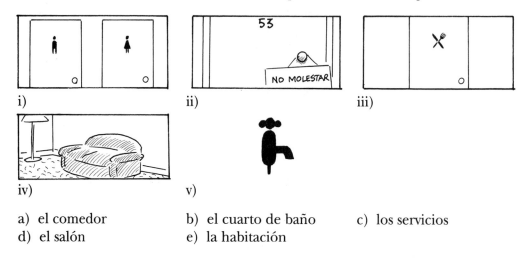

a) el comedor   b) el cuarto de baño   c) los servicios
d) el salón   e) la habitación

2 *Look at the illustrations and match them up with the correct phrases.*

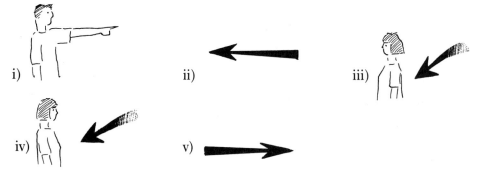

    a) El cuarto de baño está a la izquierda.

    b) El comedor está a la derecha.

    c) La habitación está allí.

    d) Los servicios están detrás de usted.

    e) El salón está delante de usted.

EJERCICIOS

 1 Listen to the tape and complete the sentences with the correct form of *ser* or *estar*.

        a) ¿Cuánto . . . . la habitación?

        b) ¿Dónde . . . . el comedor?

        c) Los servicios . . . . a la izquierda.

        d) . . . . Señor y Señora Vázquez.

        e) Él . . . . en el cuarto de baño.

        f) Yo . . . . Señor Franco.

2 Complete the blanks with the correct form of 'the' (*el, la, los, las*).

        a) . . . . servicios   b) . . . . reservación

        c) . . . . señoritas   d) . . . . hotel

        e) . . . . comedor   f) . . . . familia

        g) . . . . habitaciones   h) . . . . salones

3 You are the receptionist at a guest house. Help the customer.

– Buenos días Señora.

– *(Say good morning Madam.)*

– ¿Dónde está la habitación número cuatro, por favor?

– *(Say room number four is on the left.)*

– Gracias. ¿Dónde está el salón?

– *(Say it is the door on the right.)*

– ¿Y el comedor?

– *(Say it is behind you.)*

– Gracias Señora.

– *(Say you're welcome Madam.)*

Now listen to the tape and practise your pronunciation.

2

EN LA OFICINA DE TURISMO

SITUACION A: *una turista española va a la oficina de turismo*

VOCABULARIO	
¿puedo ayudarle?	*can I help you?*
algunos folletos	*any brochures*
sobre la región	*on the region*
por supuesto	*of course*
hay	*there is/are*
muchas cosas que hacer	*lots of things to do*
los castillos	*castles*
los museos	*museums*
las exposiciones	*exhibitions*

TURISTA: Buenos días Señor.

EMPLEADO: Buenos días Señora. ¿Puedo ayudarle?

TURISTA: Sí Señor. Por favor ¿tiene algunos folletos sobre la región?

EMPLEADO: Por supuesto Señora. Están allí.

TURISTA: ¡Estupendo! Señor . . .

EMPLEADO: Sí Señora.

TURISTA: ¿Hay muchas cosas que hacer?

EMPLEADO: Sí Señora. Puede visitar los castillos, los museos, las exposiciones, o puede pasear en el parque.

TURISTA: ¿Tiene un programa?

EMPLEADO: Sí. Aquí tiene el programa de la semana.

TURISTA: Muy bien. Muchas gracias Señor.

EMPLEADO: De nada Señora.

EXPLICACIONES

Hay

Hay *means 'there is' or 'there are'.* Hay *never changes.*

hay un castillo	***there is*** *a castle*
hay algunos castillos	***there are*** *some castles*

Asking questions

The easiest way to ask questions in Spanish is to raise your voice at the end of a phrase or sentence. Listen to the dialogue again and pick out the questions.

¿Tiene algunos folletos?   *Do you have any brochures?*

Poder *(to be able to, can)*

puedo	*I can/can I?*	puede	*you can/can you?*

¿Puedo reservar una habitación?   *Can I reserve a room?*
¿Puedo ayudarle?   *Can I help you?*

Quantities

Hay **algunos** castillos, **algunos** museos, **algunas** exposiciones.
Algunos/algunas *is a different way of expressing 'some' or 'any' with plural words. If you want to say 'a lot of',* algunos/algunas *changes to* muchos/muchas.

¿Tiene algunos folletos?

COMPRENSION

Read the excerpts from the Spanish tourist brochure below and answer the following questions.

1 Where could you visit a traditional kitchen and a wine cellar?

2 Where could you see things of archaeological interest?

3 Where would you go if you were interested in religious art?

MUSEO ARQUEOLOGICO MUNICIPAL DE CEHEGIN

Plaza de la Constitución. 30430 Cehegín.
Teléf. (968) 74 07 17
Horario de Visita:
Lunes, miércoles y viernes de 16 a 20 horas
Cita previa cualquier día laborable
Entrada Gratuita

El Museo está instalado en el antiguo Concejo que fue rehabilitado para este fin. Actualmente el Ayuntamiento de Cehegín ha adquirido una Casa-Palacio como edificio para nuevo Museo. Las colecciones más importantes con que cuenta este centro proceden de tres grandes yacimientos ubicados en las cercanías de Cehegín: Cuevas de la Peña Rubia (Calcolítico y edad del bronce); Santuario ibérico de "El Recuesto" de donde se conserva una bonita serie de exvotos ibéricos en piedra, cerámicas de barniz rojo, fíbulas etc. y por último la ciudad tardorromana de Begastri (Cabezo Roenas).

a)

MUSEO ETNOLOGICO DEL DUQUE DE AHUMADA. CEHEGIN

Cerrado temporalmente

Sus colecciones muestran distintos elementos del quehacer tradicional como aparejos para el ganado, juegos de pesas y medidas, apicultura etc... Lo más representativo del Museo es la posibilidad de visitar una cocina tradicional, un comedor rústico, una bodega de aceite y otra de vino.

b)

COLECCION DE ARTE SACRO. IGLESIA STA. MARIA MAGDALENA. CEHEGIN

Iglesia de la Magdalena. 30430 Cehegín.
Teléf. (968) 74 00 40
Horario de Visita:
El de culto fuera de este previa cita
Entrada gratuita

Se exhiben distintos objetos de arte sacro siendo la obra más importante una piedad debida al escultor murciano Roque López de finales del siglo XVIII.

c)

EJERCICIOS

1 Look at the illustrations below and match up the questions with the pictures.

   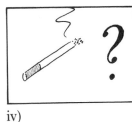

i)   ii)   iii)   iv)

    a) ¿Puedo pagar?   b) ¿Puedo fumar?

    c) ¿Puedo llamar?   d) ¿Puedo visitar el castillo?

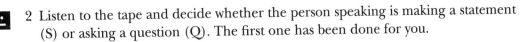 2 Listen to the tape and decide whether the person speaking is making a statement (S) or asking a question (Q). The first one has been done for you.

S Q

    a) ¿Hay algunos castillos en la región?   ✓

    b) puedo pasear en el . . . .

    c) hay . . . . aquí

    d) hay algunas . . . .

    e) puede . . . . una habitación

    f) puedo fumar en el . . . .

3 Now listen to the tape again and fill in the word that is missing from each sentence.

4 You are working in a Tourist Information Centre. Help the visitor with his enquiries.

– Buenos días Señor.

– *(Say hello Sir.)*

– ¿Tiene algunos folletos sobre la región?

– *(Say there are lots of brochures over there.)*

– Muy bien. ¿Hay muchos museos que visitar?

– *(Say yes. There are six museums in the region.)*

– Gracias. ¿Hay un castillo?

– *(Say yes. There is a castle in the park.)*

Now listen to the tape and practise your pronunciation.

SITUACION B: *una familia española compra una guía turística*

VOCABULARIO

un plano de la ciudad	*a plan of the town*
una guía (gastronómica)	*a guide (to restaurants)*
gratis	*free of charge*
también	*too/also*
un centro deportivo	*sports centre*
un parque de atracciones	*theme park*
llevo	*I'll take*
aquí tiene	*here is*
un billete de diez libras	*a £10 note*
su cambio	*your change*

TURISTA: Por favor Señor. ¿Tiene un plano de la ciudad, o una guía?

EMPLEADO: Por supuesto Señora. Aquí tiene un plano de la ciudad. Es gratis.

TURISTA: Gracias. ¿Tiene una guía también?

EMPLEADO: Hay dos guías. La guía Potters es siete libras y la guía Morton es tres libras veinte.

TURISTA: ¿Las dos son en español?

EMPLEADO: Sí Señora.

TURISTA: ¿Hay una guía gastronómica?

EMPLEADO: Sí Señora, y también hay guías de los centros deportivos y de los parques de atracciones.

TURISTA: ¡Estupendo! Llevo la guía Morton y una guía gastronómica.

EMPLEADO: Son cinco libras veinte.

TURISTA: Aquí tiene un billete de diez libras.

EMPLEADO: Gracias. Su cambio, Señora. ¡Adiós!

EXPLICACIONES

Llevar *(to take, lift)*

Llevo *means 'I take/I am taking', but is often used to mean 'I'll have'.*

(yo) llevo	*I take*	(nosotros) llevamos	*we take*
(tú) llevas	*you take*	(vosotros) lleváis	*you take*
(Ud) lleva	*you take*	(Uds) llevan	*you take*
(él/ella) lleva	*he/she takes*	(ellos/ellas) llevan	*they take*

More numbers

Before learning any new numbers, make sure you know numbers 1 to 10. Listen to the tape and repeat the new numbers as you hear them.

11	once	*16*	dieciséis
12	doce	*17*	diecisiete
13	trece	*18*	dieciocho
14	catorce	*19*	diecinueve
15	quince	*20*	veinte

Now try saying them backwards!

Pronunciation

The letter g, *like the letter* c *(See* Unidad 1), *changes its pronunciation depending on the letter that follows:*

g + a,o,u → *sounds like the English letter 'g' e.g.* **Ga**rcía, **gu**ía

g + e,i → *sounds like 'ch' in the word 'loch' e.g.* **Gi**jón, **ge**neral

The letter j is also pronounced like 'ch' in 'loch' e.g. **Je**rez

INFO

- You may find Spanish handwriting difficult to read. If a Spanish customer pays by Eurocheque, or needs to write an amount in figures, remember that he or she will cross the figure seven as follows: *7*
- Although the word *español* means Spanish, you will often also hear the language referred to as *castellano*.

COMPREHENSION

Read the following advertisements and use the guide to the symbols to find out what leisure facilities are available.

EJERCICIOS

1 Listen to the dialogue again and say whether the following statements are true or false.

    a) The plan of the town costs £3.20.

    b) The tourist buys a restaurant guide and the Morton guide.

    c) Neither of the guides offered are in Spanish.

2 Listen to the tape and write the appropriate prices by each guide book.

JOHNSON   HALLING   PETERSON   UNDERWOOD

3 Look at the words below and decide how the letter 'g' in each should be pronounced.

    gastronómica   gimnasio   gente
    águila   guía   gordo

Now listen to the tape and practise your pronunciation.

4 Play the part of the Tourist Office employee in the following dialogue.

– Buenos días. ¿Tiene un plano de la ciudad?

– *(Say yes. It is free.)*

– ¿Tiene una guía también?

– *(Say of course. There are two guides. The Wilson guide is £3.00 and the Ellis guide is free.)*

– ¿Tiene una guía de los centros deportivos?

– *(Say yes. The guides are over there.)*

– Llevo la guía Wilson y una guía de los centros deportivos.

– *(Say it is £4.20.)*

– Aquí tiene un billete de cinco libras.

– *(Give the customer his change and say goodbye.)*

SITUACION C: *un turista hace preguntas*

quiero	*I want*
¿para ir a . . . ?	*how do you get to . . . ?*
¿está lejos?	*is it far?*
bastante	*quite*
¿merece la visita?	*is it worth the visit?*
¿en tren o en coche?	*by train or by car?*
coja la carretera M20	*take the M20*
hasta la salida de Leeds	*until the Leeds turn-off*
entonces siga todo recto	*then go straight on*
la segunda a la izquierda	*second on the left*

TURISTA: Buenos días Señora.

EMPLEADA: Buenos días Señor.

TURISTA: Quiero visitar el castillo de Leeds. ¿Está en Essex?

EMPLEADA: No Señor. Está en Kent.

TURISTA: ¿Para ir a Leeds? ¿Está lejos?

EMPLEADA: Sí, bastante lejos.

TURISTA: Pero, ¿merece una visita?

EMPLEADA: Por supuesto. Hay una exposición para los visitantes, y hay también un foso, un restaurante y un museo.

TURISTA: ¿Y para ir al castillo?

EMPLEADA: ¿En tren o en coche?

TURISTA: En coche.

EMPLEADA: Bien. Coja la carretera M20 hasta la salida de Leeds, siga todo recto, y el castillo es la segunda a la izquierda.

TURISTA: Muchas gracias.

EMPLEADA: De nada Señor.

EXPLICACIONES

Telling people to do things

Notice that when giving orders, the usual ending of the verb has to change to make it clear that an order is being given.

As a general rule, the final a becomes e, and vice versa, as seen in the following examples:

	reserv**a** una habitación	*you are reserving a room*
but	¡reserv**e** una habitación!	*reserve a room*
	sig**ue** la carretera A40	*you are following the A40 road*
but	¡Sig**a** la carretera A40!	*follow the A40 road*

You will see more of these changes as you progress through the units of the book.

The first, second, third (turning)

When telling someone which turning to take, use the following:

la primera	la segunda	la tercera
(the first)	*(the second)*	*(the third)*

Positioning words

These are words like sobre, en *etc. The following ones are very important.*

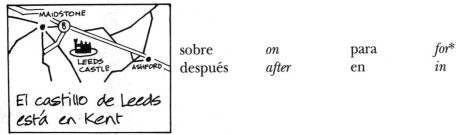

El castillo de Leeds está en Kent

sobre	*on*	para	*for**
después	*after*	en	*in*

* *You will notice that if* **para** *is followed by a verb, it means 'in order to':*

coja la carretera M20 **para ir** al castillo de Leeds

A *(to/at)*

You may have noticed that the word a *sometimes changes its form, depending on what comes after it.*

a + el	= **al** castillo	a + los	= **a los** museos
a + la	= **a la** derecha	a + las	= **a las** exposiciones

INFO

- If you are giving directions to a Spanish pedestrian, particularly children, remember that their 'Green Cross Code' will be different from ours, and they will be used to looking left/right/left.
- You may find Spanish motorists will appreciate a little reminder to drive on the left.

COMPRENSION

Listen to the directions given you and try to follow the map below. Start your journey at the point marked X. Where do you arrive?

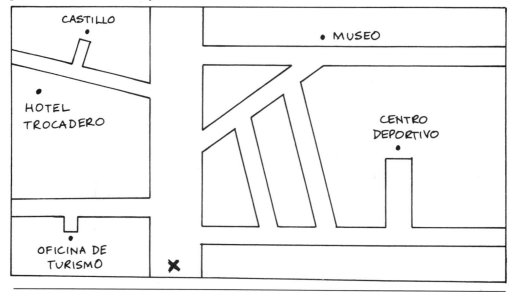

EJERCICIOS

1 Fill in the blanks with *al, a los,* etc., as appropriate.

a) . . . . restaurante   b) . . . . izquierda
c) . . . . habitaciones   d) . . . . hoteles
e) . . . . pensión   f) . . . . museo

2 Listen to the tape and tick the appropriate columns for each location. The first
one has been done for you.

	1st	2nd	3rd	L	R
a) el castillo	X			X	
b) el museo					
c) el centro deportivo					
d) el parque de atracciones					
e) la exposición					

3 Using the map below, make dialogues with a partner to find the following tourist
attractions.

1 *Puerta Itálica* – Itálica Gate
2 *Plaza de América* – The Square of the Americas
3 *Plaza del Agua* – Plaza del Agua (Water side square)
4 *Plaza de Africa* – Africa Square
5 *Pabellones de las Comunidades Autónomas* – Spanish Regional Pavilions
8 *El Lago* – Lake
9 *Pabellón de España* – Spanish Pavilion
10 *Terminal AVE* – High-speed Railway Terminal

Unidad Tres

3

EN EL PUB

SITUACION A: *en el pub, con su familia, Señor Martín pide unas bebidas*

VOCABULARIO

pedir	*to order*
hola	*hello*
¿qué quiere tomar?	*what would you like to order?*
un zumo de naranja	*an orange juice*
una cerveza	*a beer*
un vaso así	*a glass like this*
tengo sed	*I'm thirsty*
los niños tienen que ir al jardín	*the children must go in the garden*
¿por qué?	*why?*
es la ley	*it's the law*
lo siento	*I'm sorry*

CAMARERA: ¡Hola! ¿Qué quiere tomar?

SR. MARTIN: Buenos días Señora. Quiero . . .

CAMARERA: Sí, pero al bar Señor.

SR. MARTIN: Entonces, quiero dos zumos de naranja, una limonada y una cerveza por favor.

CAMARERA: ¿Una pinta de cerveza?

SR. MARTIN: ¿Una pinta?

CAMARERA: Un vaso así.

SR. MARTIN: Sí, tengo sed.

CAMARERA: Son cuatro libras treinta . . . los niños tienen que ir al jardín.

SR. MARTIN: ¿Por qué?

CAMARERA: Es la ley en Inglaterra Señor, lo siento.

EXPLICACIONES

Querer *(to want)*

(yo) quiero	*I want*	(nosotros) queremos	*we want*
(tú) quieres	*you want*	(vosotros) queréis	*you want*
(Ud) quiere	*you want*	(Uds) quieren	*you want*
(él/ella) quiere	*he/she wants*	(ellos/ellas) quieren	*they want*

Tomar *(to take, to have food or drink)*

You have already seen one word llevar *meaning 'to take' in Unit 2.* Tomar *is used with food or drink, and is used to mean 'to have' in these cases.*

llevo la guía   *I take the guide*   **tomo** una cerveza   *I have a beer*

Tener que *(must)*

You have already seen the word tener *meaning 'to have' or 'to hold'. The meaning changes when it is followed by* que *plus another verb to 'must'.*

los niños **tienen que ir** al jardín   *the children **must go** in the garden*

Numbers over twenty

20 veinte   **30** treinta   **40** cuarenta   **50** cincuenta   **60** sesenta

Quantities

After an expression of quantity (e.g. a pint), Spanish uses de *to mean 'of'.*

una pinta **de** cerveza	un vaso **de** limonada	una botella **de** vino	un zumo **de** naranja
a pint of beer	*a glass of lemonade*	*a bottle of wine*	*an orange juice*

INFO

- In a bar, Spanish speakers may expect table service, may not know to pay when they order, and will have to be shown where the children can go.
- A pint equals slightly over half a litre.
- *Cerveza* means lager to a Spanish speaker.
- Bars in Spain serve coffee and tea, as well as alcoholic and soft drinks. A 'pub' in Spain is usually a type of nightclub.

COMPRENSION

1 *Look at the two lists below and make as many combinations as you can.*

e.g. una pinta de cerveza

una pinta		cerveza	naranja
una botella		vino	limonada
una taza	**de**	melocotón	sidra
un vaso		café	té
un zumo		agua mineral	coca cola

---

2 *Look at the price list given and calculate the total price of each order in Spanish.*

a) 2 cervezas, 1 zumo

b) 2 limonadas, 1 agua mineral y 1 cerveza

c) 3 vinos tintos, 1 sidra

d) 3 cervezas, 2 limonadas

e) 2 zumos, 1 vino tinto, 1 vino blanco

f) 2 sidras, 1 zumo, 2 limonadas

THE TOASTMASTER INN

Real Ales
Restaurant
Functions

* Cerveza (pinta) £1·50
* Limonada   50p
* Sidra (pinta) £1·30
* Zumo   60p
* Vino tinto/ £1·10
  blanco (vaso)
* Agua mineral 60p
  (botella)

Now listen to the tape and practise your pronunciation of the answers.

EJERCICIOS

1 Juan, María, Pilar and Miguel all have things they must do today. Listen to the tape and match up who says what.

	Juan	María	Pilar	Miguel
a) phone Ana				
b) go to the bank				
c) buy a guide book				
d) book a hotel room				

2 Listen to the numbers you hear on the tape and write them down.

3 Fill in the blanks with the correct word (*el, la, los, las*).

a) . . . . ley   b) . . . . zumo   c) . . . . niños

d) . . . . señoras   e) . . . . jardín   f) . . . . bar

g) . . . . pinta   h) . . . . taza   i) . . . . cerveza

4 You are serving a customer at the bar.

– *(Greet the customer and ask what he wants.)*

– Quiero un zumo de naranja y una cerveza por favor.

– *(Ask him if he wants a pint of beer.)*

– Sí. Tengo sed.

– *(Tell him it comes to £2.60.)*

– ¿Los niños tienen que ir al jardín?

– *(Say yes. You are sorry but it is the law in England.)*

SITUACION B: *el señor y la señora Tomás están en el pub, y piden el menú*

VOCABULARIO

¿Quieren pedir?	*do you want to order?*
¿qué es . . . ?	*what is . . . ?*
un trozo	*a piece*
el pollo	*chicken*
empanado	*in breadcrumbs*
una tortilla	*an omelette*
con una ensalada mixta	*with a mixed salad*
las patatas fritas	*chips*
en total	*in total*

SR. TOMAS: Por favor Señora. ¿Hay un menú?

CAMARERA: Sí, por supuesto Señor.

Diez minutos más tarde.

CAMARERA: ¿Quieren pedir Señor, Señora?

SR. TOMAS: ¿Qué es *chicken nuggets*?

CAMARERA: Son trozos de pollo empanado.

SRA. TOMAS: Quiero tomar una tortilla con una ensalada mixta.

CAMARERA: Muy bien Señora. ¿Y para usted Señor?

SR. TOMAS: No me gusta la tortilla. ¿Hay patatas fritas?

CAMARERA: Por supuesto Señor.

SR. TOMAS: Entonces, el pollo con patatas fritas para mí.

CAMARERA: Muy bien Señor. Son seis libras cuarenta en total.

Adjectives

As you know, everything in Spanish is either masculine or feminine, singular or plural, and adjectives have to agree with the word accordingly.

un trozo de pollo **empanado** (ms)   una ensalada **mixta** (fs)
bocadillos **variados** (mpl)   patatas **fritas** (fpl)

The basic form of the adjective in your dictionary will be the masculine singular form.

Negatives

To form the negative, put no *in front of the verb.*

quiero la tortilla   → **no** quiero la tortilla
hay patatas fritas   → **no** hay patatas fritas

Me gusta *(I like)*

In Spanish the verb gustar *goes with the thing liked, not with the person doing the liking. So if the thing you like is singular use* me gusta *and if the thing you like is plural, use* me gustan.

me gusta la ensalada   *I like salad*
me gustan las patatas fritas   *I like chips*

To say he/she/you like(s), just replace me *with* le.

le gusta el queso   *he/she/you like(s) cheese*
le gustan los niños   *he/she/you like(s) the children*

To make the sentence negative, simply put no *at the beginning of the phrase.*

me gusta la cerveza   → **no** me gusta la cerveza

INFO

• Sandwiches (*bocadillos*) are usually made of French sticks: your Spanish customers may be surprised by the appearance of a round of sandwiches. *Un sandwich* means a toasted sandwich to a Spanish speaker.

un bocadillo

un sandwich

- Spanish speakers may be surprised by the appearance of an omelette, as *tortilla* means a Spanish-style omelette made with onions and potatoes.
- *Patatas fritas* means both chips and crisps.

COMPRENSION

1 *Look at the menu and match up the English phrases with the Spanish ones.*

a) mixed salad
b) omelette
c) chicken nuggets
d) ham and cheese toasted sandwich
e) chips
f) hamburgers
g) assorted sandwiches

* Trozos de pollo empanado
* Sandwich mixto
* Ensalada mixta
* Bocadillos Variados
* Patatas Fritas
* Tortilla
* Hamburguesa

Now listen to the tape and practise your pronunciation.

---

2 *Make the following sentences negative.*

a) Me gustan las patatas fritas.
c) Tenemos el menú.
e) La tortilla es para Señor Tomás.

b) Hay bocadillos variados.
d) Quiero pedir un sandwich.

---

3 *Fill in the blanks with the correct form of the adjective in brackets.*

a) las patatas . . . . (frito)
c) un señor . . . . (inglés)
e) un sandwich . . . . (mixto)

b) una ensalada . . . . (mixto)
d) bocadillos . . . . (variado)
f) una señora . . . . (español)

EJERCICIOS

 1 Listen to the tape and fill out the grid with the words missing from the phrases you hear. When you have solved all the clues, another word will appear in the shaded area.

a) ¿Quieren . . . .?

b) muy . . . .

c) quiero un . . . . mixto

d) una . . . . por favor

e) son seis . . . .

f) una ensalada . . . .

g) trozos de pollo . . . .

h) . . . . fritas

 2 Listen to the tape and decide whether the sentences you hear are affirmative (+) or negative (−). When you have finished, listen again and practise your pronunciation.

a)   b)   c)   d)

e)   f)   g)   h)

3 Take the customer's order.

– Por favor ¿hay un menú?

– *(Say yes of course.)*

– ¿Qué es el *Cheddar Ploughman's?*

– *(Say it is cheese, bread and salad.)*

– Una tortilla con una ensalada mixta para la señora.

– *(Say that is all right.)*

– Y para mí, una hamburguesa.

– *(Ask if he wants chips.)*

– No, una ensalada también.

– *(Say that's fine and that it comes to £5.30 in total.)*

SITUACION C: *la camarera trae la comida a la familia Ruíz*

VOCABULARIO

el catchup	*ketchup*
ni . . . ni	*neither . . . nor*
el tenedor	*fork*
el cuchillo	*knife*
perdón	*excuse me, I'm sorry*
la mesa	*table*
al lado del bar	*next to the bar*
la sal y la pimienta	*the salt and pepper*
al fondo	*at the back*
entre	*between*
la máquina tragaperras	*fruit machine*
el distribuidor de cigarrillos	*cigarette machine*

CAMARERA: Entonces, el pollo y la ensalada para el señor y la señora.

SR. RUIZ: Gracias.

CAMARERA: Y una hamburguesa con patatas fritas para el niño.

MIGUEL: Gracias. Señora, no tengo catchup.

SR. RUIZ: Y no tengo ni tenedor ni cuchillo.

CAMARERA: Perdón. Todo está sobre la mesa al lado del bar.

SR. RUIZ: ¿La sal y la pimienta?

CAMARERA: Allí también.

SRA. RUIZ: ¿Dónde están los servicios?

CAMARERA: Los servicios están allí al fondo. La puerta está entre la máquina tragaperras y el distribuidor de cigarrillos.

SRA. RUIZ: Gracias Señora.

Ni . . . ni

For sentences requiring 'neither . . . nor', use ni . . . ni *before each object in a negative sentence.*

no tengo tenedor   no tengo **ni** tenedor **ni** cuchillo

no me gusta el queso   no me gusta **ni** el queso **ni** el jamón

Prepositions of place

These words tell you where things are.

sobre la mesa   *on the table*

al lado del bar   *next to the bar*

el tenedor está **sobre** la mesa

el cuchillo está **debajo de** la silla

la sal está **entre** la pimienta y el vinagre

la paja está **dentro del** vaso

la máquina tragaperras está **al lado de** la puerta

el distribuidor de cigarrillos está **cerca del** teléfono

Notice that de *changes to* del *if the following word is* el.

al lado **de la** puerta   *but*   al lado **del** bar

cerca **de la** mesa   *but*   cerca **del** teléfono

COMPRENSION

1 *Unscramble these sentences.*

   a) mesa servilletas de debajo las están la

   b) de cerca puerta Juan la está

   c) sal ni no pimienta tengo ni

   d) ¿favor servicios están por dónde los?

   e) sobre vasos bar el los están

---

2 *Look at the illustrations and fill in the missing word(s).*

   a) La sal está . . . . la pimienta.

   b) El cuchillo está . . . . la botella.

   c) La servilleta está . . . . la mesa.

   d) Pedro está . . . . María y Pilar.

   e) La cuchara está . . . . la mostaza.

   f) El vaso está . . . . el bar.

---

3 *Make one sentence from the two given using* ni . . . ni.

   e.g. no tengo tenedor + no tengo cuchillo = no tengo **ni** tenedor **ni** cuchillo

   a) No me gusta la carne.   No me gusta el pescado.
   b) No hay mostaza.   No hay vinagre.
   c) No le gusta la limonada.   No le gusta la cerveza.
   d) La sal no está sobre la mesa.   La sal no está sobre el bar.

EJERCICIOS

1 Help the customer with her enquiries.

– Perdón Señora, no hay sal.

– *(Say the salt is on the table near the door.)*

– Gracias. ¿Dónde están los servicios?

– *(Tell her they are at the back next to the cigarette machine.)*

– ¿Y el teléfono?

– *(Say it is next to the bar on the right.)*

– Gracias Señora.

– *(Say it's nothing.)*

2 Listen to the tape and compare the sentences you hear with the translations below. Mark them with a tick or a cross.

    a) I like mustard.

    b) The serviette is near the fork.

    c) The spoon is under the chair.

    d) There is neither salt nor pepper.

    e) The cigarette machine is at the back.

    f) Miguel is next to Cristina.

3 Now write down the correct translations of the sentences you marked with a cross.

4 With a partner, use the sketch opposite to improvise a dialogue in which a customer asks a publican where to find the various objects featured.

Unidad Cuatro

EN EL CASTILLO

SITUACION A: *un grupo de turistas españoles llega y compra billetes de entrada*

VOCABULARIO

¿tienen entradas reservadas?	*have you booked tickets?*
¿cuántas personas son?	*how many are you?*
un bebé	*a baby*
soy estudiante	*I'm a student*
un pensionista	*a senior citizen*
¿cuánto vale?	*how much is it?*

EMPLEADA: ¿Es un grupo? ¿Tienen entradas reservadas?

TURISTA: No.

EMPLEADA: ¿Cuántas personas son?

TURISTA: Cinco adultos, tres niños y un bebé.

ESTUDIANTE: Soy estudiante.

EMPLEADA: Entonces, cuatro adultos, tres niños y un estudiante.

TURISTA: Dos de los adultos son pensionistas.

EMPLEADA: Dos adultos, dos pensionistas, un estudiante y tres niños.

TURISTA: Eso es. ¿Cuánto vale?

EMPLEADA: Veintinueve libras cincuenta por favor.

TURISTA: Y una guía por favor.

EMPLEADA: ¿En español?

TURISTA: Sí.

EMPLEADA: Vale tres libras. Son treinta y dos libras cincuenta en total. Gracias Señor.

EXPLICACIONES

Llegar *(to arrive)*

(yo) llego	*I arrive*	(nosotros) llegamos	*we arrive*
(tú) llegas	*you arrive*	(vosotros) llegáis	*you arrive*
(Ud) llega	*you arrive*	(Uds) llegan	*you arrive*
(él/ella) llega	*s/he arrives*	(ellos/ellas) llegan	*they arrive*

Most verbs that end in ar *follow the same pattern as above.*

comprar *(to buy)*, pagar *(to pay)*, llamar *(to phone, call)*

More numbers

21 veintiuno	**22** veintidós	**23** veintitrés
24 veinticuatro	**25** veinticinco	**26** veintiséis
27 veintisiete	**28** veintiocho	**29** veintinueve
31 treinta y uno	**41** cuarenta y uno	**51** cincuenta y uno
61 sesenta y uno		

You should follow the same pattern for these numbers:

70 setenta	**80** ochenta	**90** noventa

Be careful of cien *(a hundred) as it behaves a little differently:*

100 cien	**150** ciento cincuenta	**200** doscientos

Prices

To say prices in Spanish, you read the number up to the units (A), then add the currency (B), and finally the decimals (C).

£32.50 = treinta y dos (A) libras (B) cincuenta (C)

For 'pence' use the word penique.

50p = cincuenta peniques

Currencies

The currency in Spain is the peseta. *Look in a newspaper and using the exchange rate given, find out how much the following amounts would be in pounds.*

a) 2 000 pts   b) 10 000 pts   c) 12 500 pts   d) 700 pts

COMPRENSION

1 *Listen to the 6 sentences on cassette whilst looking at the text of the conversation, and say whether they are true or false.*

2 *Answer the following questions in Spanish using the information given in the extract of the museum brochure. Then practise your pronunciation of the answers with the tape.*

   a) ¿Cuánto vale la entrada normal?

   b) ¿Cuánto vale la entrada para niños?

   c) ¿Cuánto vale la entrada para colegios?

   d) ¿Cuánto vale la entrada para pensionistas?

MUSEO DE ARTE SACRO E HISTORIA. CARAVACA DE LA CRUZ

Real Alcázar Santuario de la Santísima y Vera Cruz. 30400 Caravaca
Teléf. (968) 79 07 43
Horario de Visita:
Laborales de 10 a13 y de 16 a 18 horas
Domingos de 11 a 14 horas
Lunes y miércoles cerrado
Entrada 250 ptas. Menores y pensionistas 125 ptas. Colegios 50 ptas.

EJERCICIOS

1 Listen to the prices given and fill in the admission prices in the brochure.

a) Adults   £. . . . .

b) Senior citizens, disabled, students   £. . . . .

c) Children under 15   £. . . . .

d) Children under 4   £. . . . .

e) Groups (12 or more)   £. . . . .

f) School parties   £. . . . .

g) Family ticket   £. . . . .

2 With a partner, use the price list from The Patrick Collection given opposite to make up dialogues. You should take it in turns to play the part of the receptionist and the customer. Use the dialogue at the beginning of the situation to help you.

OPENING TIMES
Bank Holidays and School Holidays.
Open daily 10.30am – 5.00pm.
From Easter until Oct. 31st open Wed., Sat. & Sun.
From November 1st until Easter open Sundays only.

ADMISSION PRICES

ADULTS	£3.50
SENIOR CITIZENS, DISABLED & STUDENTS	£2.50
CHILDREN (under 14)	£2.10
CHILDREN (under 5)	FREE
ADULT GROUP (10 or more)	£2.80
SCHOOL PARTIES	£2.00
FAMILY TICKET (2 adults & up to 2 children)	£9.00

SPECIAL INTEREST BREAKS
For price and booking details please call 021-433 5656.
All prices are inclusive VAT at 17.5%.

3 Referring to all the previous samples of price lists in this situation, try to understand the following admission prices.

MUSEO NACIONAL DE ARQUEOLOGIA MARITIMA DE CARTAGENA

Dique de Navidad, s/n. 30205 Cartagena
Teléf. (968) 50 84 15
Horario de Visita:
De 10 a 14 y de 16 a 18 horas
Verano de 10 a 14 y de 17 a 19 horas.
Domingos de 10 a 14 horas
Cerrado lunes y fiestas nacionales
Entrada gratuita para los españoles y menores de 21 años de los países miembros de la C.E.E., previa presentación del D.N.I.
Otros países: 200 ptas.

MUSEO SALZILLO DE MURCIA

Plaza San Agustin, 1. 30004 Murcia
Teléf. (968) 29 18 93
Horario de Visita:
Lunes 9,30 a 13. Tardes Cerrado
Martes a Sábados: 9,30 a 13 y de 15 a 18 horas. (Verano de 16 a 19 horas)
Domingos y festivos de 11 a 13 horas
Entrada: 100 ptas.
Colegios y grupos de la tercera edad: 50 ptas.
Domingos entrada libre

MUSEO DE LA SOLEDAD. CARAVACA DE LA CRUZ

Iglesia de la Soledad. 30400 Caravaca
Actualmente cerrado. Para grupos de visitas organizados dirijanse al Ayuntamiento
Telf: (968) 70 29 20
Entrada gratuita

SITUACION B: *la señora Isla llama al castillo*

VOCABULARIO

dígame	*hello (on the phone)*
una sala	*seminar/conference room*
el domingo	*(on) Sunday*
la sociedad	*company*
la comida	*meal/lunch*
la cena	*dinner*
una pequeña alteración	*a small change*
un diputado	*a delegate*
en lugar de	*instead of*

EMPLEADO: Leeds Castle, dígame.

SRA. ISLA: Quiero confirmar mi reservación para una sala por favor.

EMPLEADO: Sí, ¿su nombre por favor?

SRA. ISLA: Isla, de la sociedad Benamar.

EMPLEADO: Un momento . . . ¿llegan el domingo, no?

SRA. ISLA: Sí, a las diez. ¿Puede confirmar las horas de las comidas por favor?

EMPLEADO: La comida es a las doce y treinta, y la cena a las diecinueve horas.

SRA. ISLA: Gracias. Hay también una pequeña alteración.

EMPLEADO: ¿Sí?

SRA. ISLA: Hay veintitrés diputados.

EMPLEADO: Entonces, veintitrés en lugar de veintidós.

SRA. ISLA: Eso es.

EMPLEADO: ¿Llegan en autocar?

SRA. ISLA: Sí. Llegamos a Gatwick a las ocho.

EMPLEADO: ¡Buen viaje! Hasta el domingo Señora Isla.

SRA. ISLA: Gracias Señor. ¡Adiós!

EXPLICACIONES

¿Qué hora es? *(What time is it?)*

Son las 7h

Son las 8h15

Son las 9h30

Son las 10h45

Son las 18h

Son las 19h10

Son las 20h35

Son las 21h50

Son las 12h
(es mediodía)

Son las 12h
(es medianoche)

Es la una

Los días de la semana

lunes
martes
miércoles
jueves
viernes
sábado
domingo

lunes		6	13	20	27
martes		7	14	21	28
miércoles	1	8	15	22	29
jueves	2	9	16	23	30
viernes	3	10	17	24	31
sábado	4	11	18	25	
domingo	5	12	19	26	

To say 'on Sunday' (i.e. next Sunday) use el domingo. *To mean 'every Sunday' use* los domingos.

Poder *(can/to be able to)*

(yo) puedo	*I can*	(nosotros) podemos	*we can*
(tú) puedes	*you can*	(vosotros) podéis	*you can*
(Ud) puede	*you can*	(Uds) pueden	*you can*
(él/ella) puede	*s/he can*	(ellos/ellas) pueden	*they can*

INFO

- There are a few variations between Bank Holidays in Britain and in Spain, so visitors to this country will find it strange that the following are not *días festivos*: 6th January (Epiphany), 19th March (San Antón), 1st May (May Day), 14th June (San Juan), 25th July (Santiago, Patron Saint of Spain), 15th August (Assumption Day), 12th October (Columbus Day), 1st November (All Saints Day), 6th December (Constitution Day), 8th December (Immaculate Conception Day).
- On the other hand they will not always be aware that the following are Bank Holidays in Britain: Good Friday, the first Monday in May, Spring *(primavera)* and Summer *(verano)* Bank Holidays, Boxing Day, Scottish or Irish Bank Holidays.

COMPRENSION

1 *Look at the information below and give the answers to the following questions in Spanish.*

a) ¿El museo está abierto los sábados?

b) ¿El museo está abierto el día 15 de julio?

c) ¿El museo está abierto a las 15h en agosto?

d) ¿El museo está abierto en diciembre?

e) ¿El museo está abierto a las 10h en abril?

f) ¿A qué hora cierra el museo el día 17 de junio?

g) ¿A qué hora abre el museo el día 8 de octubre?

MUSEO
ARQUEOLOGICO
MUNICIPAL. CIEZA

Cadenas, 11. 30530 Cieza
Teléf. (968) 45 43 15
Horario de Visita:
De 12 a 14 y de 17 a 19 horas
Sábados y Domingos: cerrado
15 de junio a 15 de septiembre:
Lunes a Viernes de 11 a 14'30 horas

2 *Look through this section and find the Spanish words or phrases for:*

a) closed

b) June

c) Saturday

d) September

e) summer

f) Bank Holiday

 3 *Dictionary work: find the names of the months and seasons **not** contained in this situation, and practise your pronunciation with the cassette.*

EJERCICIOS

1 Listen to the times given on the cassette and complete the clock faces below.

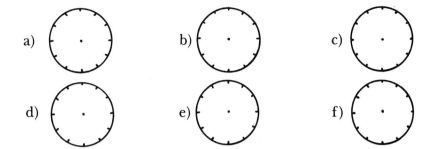

a)   b)   c)

d)   e)   f)

2 Now read the times given on the clocks below and check your answers with the cassette.

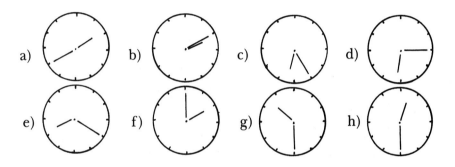

a)   b)   c)   d)

e)   f)   g)   h)

3 Play the part of the switchboard operator receiving the following enquiry in Spanish, using the brochure extract below.

– Buenos días. ¿El castillo de Floors? ¿Cuándo está abierto el castillo en alta temporada?

– *(Give the information for July and August.)*

– ¿Y en temporada baja?

– *(Give the information for October.)*

– ¿El castillo está abierto hasta las 18h en julio?

– *(Say no and give the correct time.)*

– Gracias.

– *(Say it is a pleasure and end the conversation.)*

> ***Facilities available for the disabled.**
> Open Easter Week-end 17th April, to end October,
> Sunday to Thursday inclusive, except during the months
> of July and August when the Castle is open seven days.
> In October open Sunday & Wednesday 10.30 a.m. to 4.00 p.m.
> On Fridays throughout the rest of the season and during
> the months of April and October, the Castle will be open
> to coach parties by appointment only.
>
> Castle and Restaurant open 10.30 a.m. to 5.30 p.m.
> (Last admission to Castle 4.45 p.m.)
>
> **Pipe Bands:** 3rd May, 24th May, 7th June, 12 July.
> **Massed Pipe Bands:** Sunday 30th August

SITUACION C: *Pedro Mecano, un estudiante, va al restaurante de autoservicio*

VOCABULARIO

la carne picada	*minced meat*
el puré de patatas	*mashed potato*
una tarta	*a pie*
un riñón	*kidney*
una jarra	*a jug*
un café solo/con leche	*black/white coffee*
el pan	*bread*
un bizcocho	*a biscuit*
la caja	*cash desk/till*

PEDRO: Perdón Señorita. ¿Qué es el *cottage pie?*

CAMARERA: Es carne picada con puré de patatas.

PEDRO: ¿Y el *steak and kidney pie?*

CAMARERA: Es una tarta de carne y riñones.

PEDRO: Entonces no. Prefiero el pescado con patatas fritas.

CAMARERA: ¿Té? ¿Café?

PEDRO: Una jarra de agua y un café por favor.

CAMARERA: ¿Un café solo o con leche?

PEDRO: Un café solo por favor. ¿Hay pan?

CAMARERA: No Señor, lo siento. Hay bizcochos para tomar con el queso.

PEDRO: Gracias, no. Es todo.

CAMARERA: Son cinco libras ochenta y cinco Señor. Tiene que pagar en la caja.

EXPLICACIONES

Giving descriptions

Spanish uses de *to express what things are made of, as in the following examples:*

una tarta **de** carne y riñones

un pastel **de** chocolate

un helado **de** fresa

Preferir *(to prefer)*

(yo) prefiero	*I prefer*	(nosotros) preferimos	*we prefer*
(tú) prefieres	*you prefer*	(vosotros) preferís	*you prefer*
(Ud) prefiere	*you prefer*	(Uds) prefieren	*you prefer*
(él/ella) prefiere	*s/he prefers*	(ellos/ellas) prefieren	*they prefer*

Colours

Like other adjectives, colours have to agree with the thing they are describing (masculine, feminine, singular or plural).

un toro **negro**

una vaca **blanca**

Here are some more colours:

rojo*   *red*   azul   *blue*   amarillo *yellow*   verde   *green*

* Rojo *is not used for wine. In this case use* tinto.

una botella de vino tinto

INFO

- Few Spanish people drink coffee or tea with milk, except for breakfast. They might not think to specify 'black' when ordering.
- They will expect water to be provided or at least available. They will not normally be used to biscuits for cheese.
- Spanish people have a poor opinion of British food. They tend to think of fish and chips, and similar food in British-type cafés in Spanish resorts as typical fare.

COMPRENSION

1 *Dictionary work: put* el/la/los/las *in front of these names of food or dishes. Make a note of any words that are new to you.*

a) . . . . pan

b) . . . . carne

c) . . . . queso

d) . . . . café

e) . . . . puré

f) . . . . bizcochos

g) . . . . pescado

h) . . . . patatas fritas

i) . . . . hamburguesa

j) . . . . ensalada

k) . . . . té

l) . . . . chocolate

m) . . . . pizza

n) . . . . helado

o) . . . . pastel

---

2 *Listen to the tape and fill out the grid with the words missing from the phrases you will hear. When you have solved the clues, another word will appear in the shaded area.*

a) no hay . . . .

b) . . . . picada

c) me gusta el . . . .

d) un . . . . solo

e) un helado de . . . .

f) . . . . nada

g) lo . . . .

EJERCICIOS

1 Listen to the food and drink prices mentioned on the tape, and complete the price list.

BEBIDAS		PLATOS	
a) limonada	. . . .	g) sandwich mixto	. . . .
b) zumo de naranja	. . . .	h) bocadillo	. . . .
c) botella de cerveza	. . . .	i) patatas fritas	. . . .
d) agua mineral	. . . .	j) potaje	. . . .
e) café	. . . .	k) salchicha	. . . .
f) té	. . . .	l) tortilla	. . . .

2 At the till you have to deal with an awkward customer.

– (Tell him that his bill is £11.10.)

– ¡Pero es imposible! ¡Hay un error!

– (Recheck the items on his tray:
1 soup, bread, 1 cottage pie, 1 fish
and chips, 1 mineral water, 1 orange
juice, 1 ice cream, 2 coffees.)

– Sí, lo siento. Tiene razón,
no hay ningún error.

cottage pie	£2.75
Cornish pastry	£1.90
Cod and chips	£3.25
Sausage rolls	60p
Steak and kidney pie	£3.25
soup	£1.00
bread rolls	40p
cheese and biscuits	£1.20
chocolate gateau	£1.60
trifle	£1.60
ice cream	90p
tea	55p
coffee	65p
orange juice	60p
mineral water	90p
soft fizzy drinks	90p

3 With a partner, use the price list above to make up conversations taking orders and giving the total price.

EN EL HOTEL

SITUACION A: *un turista español llama a un hotel*

VOCABULARIO

hacer una reservación	*to make a reservation*
no cuelgue usted	*hold the line please*
le pongo con	*I'm putting you through to*
una ducha	*a shower*
desde . . . hasta	*from . . . to*
no . . . ninguna	*there is not one*
otro/otra	*other*
el barrio	*the area*

TURISTA: Buenas tardes Señora.

RECEPCIONISTA: Buenas tardes Señor. ¿Puedo ayudarle?

TURISTA: Sí. Quiero hacer una reservación por favor.

RECEPCIONISTA: No cuelgue usted. Le pongo con el servicio de reservaciones.

RESERVACIONES: Dígame Señor. ¿Quiere reservar una habitación?

TURISTA: Sí. Cuatro habitaciones, dos para dos personas con cuarto de baño, y dos para una persona con ducha, desde viernes el día veintidós hasta el lunes día veinticinco.

RESERVACIONES: Lo siento, pero el hotel está completo el sábado. No hay ninguna habitación para dos personas.

TURISTA: ¿Hay otros hoteles en el barrio?

RESERVACIONES: Por supuesto. Hay el hotel Green Forest, y el hotel Oak Tree.

TURISTA: ¿Tiene los números de teléfono?

RESERVACIONES: Sí Señor. El hotel Green Forest es el 235507, y el hotel Oak Tree es el 239631.

TURISTA: Gracias Señora.

RESERVACIONES: De nada Señor. ¡Adiós!

EXPLICACIONES

Telephone phrases

Certain phrases are only used on the telephone. Listen to the tape and try to learn these commonly used expressions.

no cuelgue usted	*hold the line please*
dígame	*hello*
le pongo con	*I'm putting you through to*
¿es de parte de quién?	*who's speaking?*
un momento por favor	*one moment please*

Giving dates

In Spanish, dates are given in the following way:

el día 12 de julio   *12 July*   el día 25 de abril   *25 April*

To express a period of time from one date to another, use desde . . . hasta.

desde el día 22 (de junio) **hasta** el día 29 (de agosto)

Hacer *(to make, do)*

(yo) hago	*I make*	(nosotros) hacemos	*we make*
(tú) haces	*you make*	(vosotros) hacéis	*you make*
(Ud) hace	*you make*	(Uds) hacen	*you make*
(él/ella) hace	*s/he makes*	(ellos/ellas) hacen	*they make*

It is sometimes used in phrases that seem strange to an English speaker:

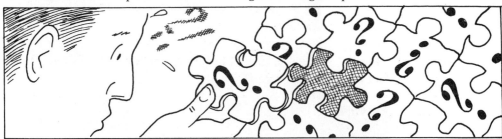

Hace preguntas   *he is asking questions*

No . . . ningún/ninguna

Spanish uses no . . . ningún/ninguna *to emphasise the fact that there is 'none at all'. Simply put* ningún/ningunos *(masculine singular/plural) or* ninguna/s *(feminine singular/plural) before the noun in a negative sentence. Often however, Spanish simply uses* no hay . . .

¡No hay agua!

INFO

- Spanish telephone numbers usually have six or seven digits. They usually have *el* in front and are read in groups of two or three, e.g. 239631 (*el veintitrés, noventa y seis, treinta y uno*), 235507 (*el veintitrés, cincuenta y cinco, cero, siete*).
- To make non-local calls you need to dial the area code (*el prefijo*).

COMPRENSION

Look at the advertisement for the Highfield Hotel below, and tick the facilities (listed in Spanish) it offers its clientele.

A.A. R.A.C. Listed 3 CROWN RATING – Residential Licence

HIGHFIELD HOTEL

58 Keighley Road, Skipton, North Yorks. BD23 2NB
Telephone Skipton (0756) 793182

The Hotel is situated on the A629 1/4 mile from the town centre, bus station and railway station.

There is no problem with street parking and a large car park opposite is available for free overnight parking.

All bedrooms are individually furnished and decorated with private facilities. All rooms have colour TV, clock radios, tea & coffee making facilities, hair dryers and trouser presses, also central heating and double glazing.

The cosy stone feature lounge area and bar has colour TV and an extensive range of drinks including draught beer and lager. This lounge is available throughout the day.

Noted for good home cooking the dining room offers choice at breakfast (7.30 to 9 a.m.) and dinner (7.30 p.m.).

Come and stay — a warm welcome awaits you.

a) calefacción central en las habitaciones

b) aparcamiento

c) piscina cubierta

d) desayuno

e) servicio restaurante

f) lejos del centro de la ciudad

g) perros admitidos

h) sauna

i) teléfono en las habitaciones

j) bebidas alcohólicas disponibles

k) instalaciones para niños

l) salón con televisión

m) servicio en las habitaciones

n) televisión en las habitaciones

o) cuartos de baños privados

EJERCICIOS

1 Listen to the answerphone message you receive regarding a hotel reservation and fill out the booking form below. Don't forget to make a note of the type of facilities (bathroom, shower etc.) required, and any other relevant details.

Name _____

Address _____

_____

_____

Number and type of Rooms required:

Single ☐

Double ☐

Twin with adjoining Single

Family

Total number in party_____

Arrival Date_____

Departure Date_____

Bed & Breakfast ☐   ☐

Bed Breakfast and Evening Meal ☐   ☐

2 Listen to the visitors' requests, and tick the last column if the room is available.

Date	Double + bath	Single + bath	Double + shower	Single + shower	Available
Sat. 15	✗		✗	✗	
Sun. 16	✗	✗	✗		
Mon. 17		✗	✗	✗	
Tues. 18	✗		✗	✗	
Wed. 19	✗	✗	✗		
Thurs. 20	✗	✗		✗	

3 How would you express the following in Spanish?

a) I'm sorry, the hotel is full.

b) Hold the line please.

c) A double room with private shower.

d) Who's speaking?

e) A single room with bathroom.

SITUACION B: *una turista española llama a un hotel*

VOCABULARIO

¿es para qué día?	*it's for which date?*
una cama matrimonial	*a double bed*
una de cada	*one of each*
¿puede repetir por favor?	*could you repeat that please?*
se oye mal	*it's a bad line*
está notado	*I've made a note of that*

SRA. BRAVO: Buenas tardes Señor. Quiero hacer una reservación por favor.

RECEPCIONISTA: Sí Señora. ¿Para cuántas personas?

SRA. BRAVO: Para ocho personas. Quiero dos habitaciones dobles con cuarto de baño, una habitación individual con cuarto de baño, y tres habitaciones individuales con ducha privada.

RECEPCIONISTA: ¿Es para qué día?

SRA. BRAVO: Desde jueves el día nueve de febrero hasta el día quince inclusivo. Siete noches en total.

RECEPCIONISTA: ¿Prefiere habitaciones con camas individuales o con una cama matrimonial?

SRA. BRAVO: Una de cada por favor.

RECEPCIONISTA: Muy bien Señora.

SRA. BRAVO: ¿Cuánto vale?

RECEPCIONISTA: La habitación doble setenta y cinco libras cada noche, la habitación individual con cuarto de baño cincuenta y tres libras, y la habitación individual con ducha privada cuarenta y seis libras. ¿Es en qué nombre por favor?

SRA. BRAVO: Ana Bravo. B–R–A–V–O.

RECEPCIONISTA: ¿Puede repetir por favor? Se oye mal.

SRA. BRAVO: B–R–A–V–O.

RECEPCIONISTA: Muy bien. Está notado. Muchas gracias Señora.

SRA. BRAVO: Gracias y adiós Señor.

¿Cuánto?

Cuánto *means 'how much' or 'how many' and changes its form depending on whether the word that follows is masculine, feminine, singular or plural.*

¿Cuánto dinero?

¿Cuántos niños?

¿Cuánta carne?

¿Cuántas patatas?

More telephone phrases

¿puede repetir por favor?	*could you repeat that please?*
se oye mal	*the line is bad*
está notado	*that has been noted*

Months and seasons

enero	febrero	marzo	abril
mayo	junio	julio	agosto
septiembre	octubre	noviembre	diciembre

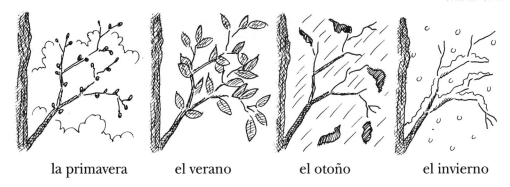

| la primavera | el verano | el otoño | el invierno |

∘ COMPRENSION

Look at the theatre price list and booking form below. Listen to the answerphone message recorded on the tape, and fill in the booking form accordingly.

BOOKING FORM   TELEPHONE: 0532 442111

Name _____

Address _____

_____

_____ Postcode _____

Telephone (day) _____ (evening) _____

I enclose a cheque for £ _____ made payable to : **The West Yorkshire Playhouse.**

Please debit my Artscard/Access/American Express/Visa | | | | | | | | | | | | | |

Signed _____ Card expiry date _____

PLAY	DATE	TIME	AREA A,B,C	NO AT FULL PRICE	NO AT DISCOUNT	TOTAL
					P&P	30p
					Total Payment	

Please complete this form and return to
Box Office, The West Yorkshire Playhouse, Quarry Hill Mount, Leeds LS9 8AW. Telephone 0532 442111

16 April - 15 May
Quarry Theatre

The
TAMING
of the
SHREW

**A COMEDY BY
WILLIAM SHAKESPEARE**

	PREVIEWS AREA			MON - THURS EVENINGS AREA			FRI & SAT EVENINGS AREA			MATINEES
	A	B	C	A	B	C	A	B	C	ALL AREAS
FULL PRICE	£9.00	£6.00	£4.00	£10.50	£8.50	£6.00	£12.00	£10.00	£7.00	£6.00
DISCOUNT RATE*	-	-	-	£8.50	£6.50	£4.00	£10.00*	£8.00*	£5.00*	£4.00

* Discount rate tickets are not available for previews or Saturday evening performances.

EJERCICIOS

1 Listen to the tape and write down the names you hear.

2 Read the following dates in Spanish, and compare your pronunciation with the tape.

a)	11 February	b)	25 March
c)	4 July	d)	30 January
e)	19 August	f)	6 December
g)	23 October	h)	15 June

3 Listen to the prices you hear on the tape and circle them below.

£61	£100	£88	£42	£79	£89	£90
£59	£91	£48	£24	£82	£96	£86

4 Play the part of the receptionist and help the tourist.

– Buenos días Señor. Quiero hacer una reservación.

– *(Ask for how many people and what date.)*

– Para una persona, el día 12 de mayo.

– *(Say you are sorry but the hotel is full.)*

– ¿Y el día 13 de mayo?

– *(Say there is a single room with private shower on the 13th.)*

– Muy bien. ¿Cuánto es?

– *(Say the room is £64 and that breakfast is included.)*

– ¡Estupendo!

– *(Ask for her name.)*

– Señora María Mateo.

– *(Repeat the letters of her surname to make sure you have got them right, and say thank you.)*

Now listen to the tape again and practise your pronunciation.

SITUACION C: *un turista llega al hotel*

VOCABULARIO

en el piso bajo	*on the ground floor*
una mujer	*a wife/woman*
una silla de ruedas	*a wheelchair*
estar a dieta especial	*to be on a special diet*
¿hay que . . . ?	*is it necessary to . . . ?*
rellenar un formulario	*to fill out a form*
está a diez minutos de aquí	*it's 10 minutes away*
¡buen paseo!	*have a nice walk!*

TURISTA: Buenos días Señorita. Quiero reservar una habitación para dos personas.

RECEPCIONISTA: Buenos días Señor. ¿Una habitación con ducha privada o cuarto de baño?

TURISTA: Una habitación con cuarto de baño en el piso bajo, si es posible. Mi mujer es minusválida. Está en una silla de ruedas.

RECEPCIONISTA: Por supuesto Señor. El restaurante y el bar están en el piso bajo también.

TURISTA: Muy bien.

RECEPCIONISTA: ¿Su mujer está a dieta especial? Hay platos para dietas especiales en nuestro restaurante.

TURISTA: ¡Estupendo! ¿Cuánto es la habitación?

RECEPCIONISTA: Ochenta y nueve libras Señor.

TURISTA: ¿Hay que rellenar un formulario?

RECEPCIONISTA: Sí por favor.

TURISTA: Para ir al centro, ¿está lejos?

RECEPCIONISTA: No, está a diez minutos de aquí Señor.

TURISTA: Muy bien. Tengo que ir al banco.

RECEPCIONISTA: ¡Buen paseo Señor!

EXPLICACIONES

Saying 'on the first floor' etc.

You have already seen the words for the first (primero/a), *second* (secundo/a) *and third* (tercero/a). *Below, other floors are shown.*

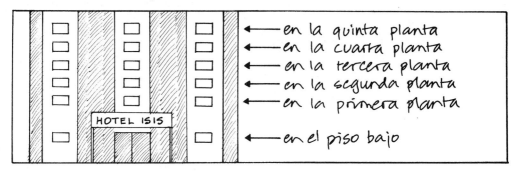

← en la quinta planta
← en la cuarta planta
← en la tercera planta
← en la segunda planta
← en la primera planta

← en el piso bajo

Hay que . . .

Hay que *means 'it is necessary' or 'you have to'. It is very useful for giving instructions to people.*

hay que coger la derecha
you have to turn right

hay que rellenar el formulario
you have to fill out the form

Hotel words

el ascensor

el aparcamiento

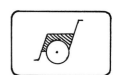

la silla de ruedas

la cocina

la piscina

la doncella

COMPRENSION

1 *Look at the following hotel advertisement and answer the questions in Spanish.*

♿ DISABLED WELCOME   ⌂ TV IN ROOMS

   EN-SUITE FACILITIES   INDOOR POOL

   CHILDREN WELCOME   SAUNA/SOLARIUM

   LICENSED   XMAS BREAKS

   PARKING

   DOGS ACCEPTED

a) ¿Hay platos para dietas especiales?

b) ¿Qué está incluído en el precio de las habitaciones?

c) ¿Cuánto es una habitación doble para dos noches en octubre?

d) ¿Hay televisiones en las habitaciones?

e) ¿Cuánto es una habitación individual para cuatro noches en febrero?

f) ¿Hay facilidades para los minusválidos?

g) ¿Hay bebidas alcohólicas disponibles?

h) ¿Hay calefacción central en las habitaciones?

2 Sopa de letras: *find as many words as you can to do with hotels in the grid below.*

```
T B C R A G D B A Ñ O
A J I E P S L H P I M
S H O S T A L A A N C
C O M E D O R B R D O
E T D R Z S E I C I C
N E U V F A N T A V I
S L C A A U C A M I N
O Y H C E N A C I D A
R L A I Ñ A M I E O U
S A L O N S A O N A J
Q U P N R U O N T L E
U D E S A Y U N O G C
```

EJERCICIOS

 1 Give the following people instructions using *hay que*. Compare your answers with those on the tape and practise your pronunciation.

    a) Tell a handicapped person that he should take the lift.

    b) Tell a customer that she needs to book a room.

    c) Tell a tourist who is lost that she should take the second on the left.

    d) Tell a customer that he needs to buy an entrance ticket.

2 Put this jumbled dialogue into the correct order.

    a) Quiero una habitación por favor.

    b) Para una persona.

    c) Buenos días Señor. ¿Puedo ayudarle?

    d) ¡Estupendo! Gracias Señorita.

    e) Buenos días Señorita.

    f) ¿Para cuántas personas?

    g) Hay una habitación con ducha privada.

3 Take the part of the receptionist in the following dialogue.

– Buenas tardes Señor.

– *(Say good evening to the lady.)*

– Quiero reservar una habitación por favor.

– *(Ask if it's a single or a double room.)*

– Una habitación doble.

– *(Tell the customer that she must fill out the form.)*

– ¿El centro de la ciudad está lejos?

– *(Say it is five minutes away.)*

– Gracias.

– *(Respond appropriately.)*

Unidad Seis

EN EL PARQUE DE ATRACCIONES

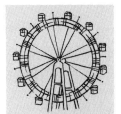

SITUACION A: *una familia española llega y compra las entradas*

VOCABULARIO

¿es más barato?	*is it less expensive/cheaper?*
niños menores de cinco años	*children under five*
la tarjeta de crédito	*credit card*
firmar	*to sign*
aquí tiene	*here is/you have*
siga las señales	*follow the directions*
hasta el aparcamiento	*to the car park*

CLIENTE: Entradas para dos adultos y tres niños por favor.

EMPLEADA: ¿Quiere un billete familial?

CLIENTE: ¿Qué es?

EMPLEADA: Un billete especial para dos adultos y dos niños.

CLIENTE: ¿Es más barato?

EMPLEADA: Sí. Dieciocho libras en lugar de veintiuna.

CLIENTE: Pero tenemos tres niños.

EMPLEADA: ¿Son menores de cinco años?

CLIENTE: No. Uno es menor de cinco años.

EMPLEADA: La entrada para niños menores de cinco años es gratis.

CLIENTE: Un billete familial entonces. ¿Puedo pagar con la tarjeta de crédito?

EMPLEADA: Sí por supuesto. Firme aquí. Aquí tiene su billete, su tarjeta y su plan del parque. Siga las señales hasta el aparcamiento.

EXPLICACIONES

More or less

es caro   es **más** caro   es **menos** caro

But:

niños **menores de** cinco años   *children under five*
niños **mayores de** cinco años   *children over five*

More everyday requests or orders

¡Firme!   ¡Pase!   ¡Siga!

How to say my/your/his/her etc.

mi(s)	*my*	nuestro(s)/nuestra(s)	*our*
tu(s)	*your*	vuestro(s)/vuestra(s)	*your*
su(s)	*your*	su(s)	*your*
su(s)	*his/her*	su(s)	*their*

If there is only one object, use the singular form (mi etc.); for more than one object, use the plural form (mis etc.).

aquí tiene **su** llave   aquí tiene **sus** llaves
here is your key   *here are your keys*

If you use nuestro *or* vuestro *there are separate masculine and feminine forms in the singular and the plural.*

nuestro coche (ms) **nuestros** billetes (mpl)
nuestra guía (fs) **nuestras** habitaciones (fpl)

INFO

- Many tourists will be unfamiliar with the concept of the 'Family Ticket', so it may be a good idea to offer one if they do not ask you for it. But, as in the sample conversation, the answer may be *¿Qué es?*

COMPRENSION

Look at the information regarding the Tarjeta 4B *and decide whether the statements below are true or false.*

su disposición hay más de 3.000 Telebancos 4B en toda España. Solicite la guía de direcciones, o para su mayor comodidad, consulte los adhesivos colocados en las fachadas de los Bancos de 4B.

Todos los Telebancos 4B funcionan igual, su utilización es muy sencilla. La pantalla le guía en todas las lenguas de España y en francés, inglés, alemán y portugués.

En ellos puede retirar dinero, consultar saldos y últimos movimientos, ingresar efectivo y cheques, hacer traspasos entre cuentas y contratar otros servicios de EUROP ASSISTANCE.

Además de los Telebancos 4B, cuya utilización es gratuíta, puede utilizar los Cajeros de Servired y los de la Red 6.000 (Cajas de Ahorro), en este caso, pagando los gastos de utilización de otra Red.

Con esto, la Tarjeta EUROP ASSISTANCE-4B, es admitida en más de 10.000 cajeros automáticos en toda España.

Y también en el extranjero. Ya puede hacerlo en Portugal, Andorra y Reino Unido. Y dentro de muy poco en toda Europa.

a) There are more than 3 000 4B cash dispensers in Spain.

b) The 4B cash dispensers are difficult to operate.

c) The instructions on the screen are written in five languages apart from Spanish.

d) You can take out and deposit money at these cash dispensers.

e) You can only use the card at 4B cash dispensers.

f) You can use other cash dispensers free of charge.

g) You can use the 4B card in cash dispensers in Britain.

h) You will soon be able to use cash dispensers all over Europe.

EJERCICIOS

1 Listen to the questions and say if it is more expensive (+) or cheaper (−).

e.g. ¿Y los niños? (−)   Es más barato.

a) ¿Y los sábados?

b) ¿Y para los pensionistas?

c) ¿Y un billete familial?

d) ¿Y para los minusválidos?

e) ¿Y los miércoles?

f) ¿Y la visita al castillo y al parque?

2 Use the brochure below to give the appropriate information to the caller on the telephone.

– Buenos días. ¿Cadbury World?

– *(Respond appropriately.)*

– ¿El centro está abierto el día 23 de septiembre?

– *(Reply appropriately.)*

– ¿Está abierto a qué hora?

– *(Give the opening and closing times.)*

– ¿Cuánto es la entrada?

– *(Ask if it is for an adult.)*

– ¿Hay una entrada especial para grupos?

– *(Say yes. Groups of over twenty must book in advance.)*

– ¿Hay un billete familial?

– *(Say yes, and give the price.)*

– ¿Hay un restaurante?

– *(Reply appropriately.)*

– Gracias Señorita.

– *(Close the conversation appropriately.)*

1993 OPENING HOURS
Open 10.00am – 5.30pm Last admission 4.00pm:
For recorded information please ring 021 433 4334

1993 OPENING DAYS — OPEN ON SHADED DAYS

JANUARY
M 4 11 18 25
T 5 12 19 26
W 6 13 20 27
T 7 14 21 28
F 1 8 15 22 29
S 2 9 16 23 30
S 3 10 17 24 31

FEBRUARY
M 1 8 15 22
T 2 9 16 23
W 3 10 17 24
T 4 11 18 25
F 5 12 19 26
S 6 13 20 27
S 7 14 21 28

MARCH
M 1 8 15 22 29
T 2 9 16 23 30
W 3 10 17 24 31
T 4 11 18 25
F 5 12 19 26
S 6 13 20 27
S 7 14 21 28

APRIL
M 5 12 19 26
T 6 13 20 27
W 7 14 21 28
T 1 8 15 22 29
F 2 9 16 23 30
S 3 10 17 24
S 4 11 18 25

MAY
M 3 10 17 24 31
T 4 11 18 25
W 5 12 19 26
T 6 13 20 27
F 7 14 21 28
S 1 8 15 22 29
S 2 9 16 23 30

JUNE
M 7 14 21 28
T 1 8 15 22 29
W 2 9 16 23 30
T 3 10 17 24
F 4 11 18 25
S 5 12 19 26
S 6 13 20 27

JULY
M 5 12 19 26
T 6 13 20 27
W 7 14 21 28
T 1 8 15 22 29
F 2 9 16 23 30
S 3 10 17 24 31
S 4 11 18 25

AUGUST
M 2 9 16 23 30
T 3 10 17 24 31
W 4 11 18 25
T 5 12 19 26
F 6 13 20 27
S 7 14 21 28
S 1 8 15 22 29

SEPTEMBER
M 6 13 20 27
T 7 14 21 28
W 1 8 15 22 29
T 2 9 16 23 30
F 3 10 17 24
S 4 11 18 25
S 5 12 19 26

OCTOBER
M 4 11 18 25
T 5 12 19 26
W 6 13 20 27
T 7 14 21 28
F 1 8 15 22 29
S 2 9 16 23 30
S 3 10 17 24 31

NOVEMBER
M 1 8 15 22 29
T 2 9 16 23 30
W 3 10 17 24
T 4 11 18 25
F 5 12 19 26
S 6 13 20 27
S 7 14 21 28

DECEMBER
M 6 13 20 27
T 7 14 21 28
W 1 8 15 22 29
T 2 9 16 23 30
F 3 10 17 24 31
S 4 11 18 25
S 5 12 19 26

1994 opening hours may vary, please check before leaving home.

Individual tickets can now be reserved in advance – phone 021 459 9116 between 9.00am and 5.00pm to book your tickets. When large numbers of visitors are expected (weekends and school holidays) entry is controlled to avoid overcrowding. During these periods, tickets will be issued with specific entry times into the main exhibition. Once inside visitors can move through at their own pace. Whilst waiting for entry, customers may use the shop or restaurant facilities or visit the Cadbury Collection, children's play area or Bournville Village. Unless you have pre-booked tickets we cannot guarantee entry – please ring to pre-book on 021 459 9116 between 9.00am and 5.00pm. (available from 20th March 1993)

1993 ADMISSION PRICES

Adult	£4.50
Child (5-15 inclusive)	£3.00
Under 5's	FREE
Family rate (2 adults & 2 children)	£13.00
Senior Citizen (Midweek only. Not valid on Saturday/Sunday)	£3.95

Groups of 20 or more must book in advance on 021 459 9116. We reserve the right to vary opening hours and admission prices without prior notice.

Cadbury WORLD
THE CHOCOLATE EXPERIENCE

LINDEN ROAD, BOURNVILLE
BIRMINGHAM B30 2LD

DETAILS CORRECT AT TIME OF GOING TO PRESS   TELEPHONE: 021 433 4334

SITUACION B: *el empleado en la entrada da información a los turistas*

VOCABULARIO

delante de usted	*in front of you*
dar información	*to give information*
esperar	*to wait (for)*
entendido	*fine, understood*
buscar	*to look for, to fetch*
el tren fantasma	*ghost train*
la tienda de regalos	*souvenir/gift shop*
el edificio principal	*the main building*

TURISTA 1: Perdón Señor. ¿Dónde están los servicios por favor?

EMPLEADO: Coja la segunda a la derecha y los servicios están delante de usted.

TURISTA 1: Gracias Señor.

TURISTA 2: Perdón, ¿el snack bar por favor?

EMPLEADO: Está detrás del museo, la tercera puerta a la izquierda.

TURISTA 2: De acuerdo. Gracias.

TURISTA 3: ¿El autobús para ir al zoo por favor?

EMPLEADO: Espere aquí. El autobús llega en cinco minutos.

TURISTA 3: Entendido.

TURISTA 4: Busco la exposición '2000'.

EMPLEADO: Está al fondo del parque, cerca del restaurante.

TURISTA 4: Muchas gracias Señor.

TURISTA 5: ¿El tren fantasma por favor?

EMPLEADO: Siga todo recto.

TURISTA 6: ¿Dónde está la tienda de regalos?

EMPLEADO: En el edificio principal, al lado de los servicios.

EXPLICACIONES

More numbers over 100

100 cien   **101** ciento uno   **102** ciento dos

103 ciento tres   **115** ciento quince   **130** ciento treinta

170 ciento setenta   **199** ciento noventa y nueve   **200** dos cientos

210 dos cientos diez   **300** tres cientos   **1000** mil

1100 mil cien   **10 000** diez mil   **100 000** cien mil

110 000 ciento diez mil   **1 000 000** un millón   **2 000 000** dos millones

En cinco minutos

Use en *to say in how much time something is going to happen.*

¡La bomba va a estallar en cinco segundos!

More everyday phrases

de acuerdo	*OK, all right*
entendido	*fine, understood*
discúlpame/perdón	*excuse me*
lo siento (mucho)	*I'm (very) sorry*

COMPRENSION

1 *Signs you may see at the Theme Park. See if you can match the signs, the Spanish phrases and the English phrases.*

i)	servicios	a)	lift
ii)	refrescos	b)	no entry
iii)	puesto de socorro	c)	souvenir shop
iv)	ascensor	d)	help from our personnel
v)	aparcamiento	e)	dogs on leash
vi)	información	f)	toilets
vii)	entrada prohibida	g)	parking
viii)	sólo perros en correa	h)	first aid post
ix)	tienda de regalos	i)	information
x)	ayuda a los empleados	j)	refreshments

q)   r)   s)   t)   u)

v)   w)   x)   y)   z)

2 *How would you say the following in Spanish?*

a)	Go straight on	b)	Behind you.
c)	Near the car park.	d)	Wait here.
e)	Turn left.	f)	In front of you.

Now check your pronunciation with the tape.

EJERCICIOS

1 Listen to the instructions on the tape and fill in the blanks (in English) to complete the sentences.

a) ¿El aparcamiento?   Go . . . . and it's . . . . the main building.

b) ¿La exposición?   Take the . . . . and it's . . . . the restaurant.

c) ¿El laberinto?   It's . . . . the park, ... the river
                            and the zoo.

d) ¿La guardería?   Take the . . . . and . . . . the cafe,
                            it's . . . .

2 You are a steward at a Heritage Centre. Help the tourists in difficulty. (Refer to
   the map below.)

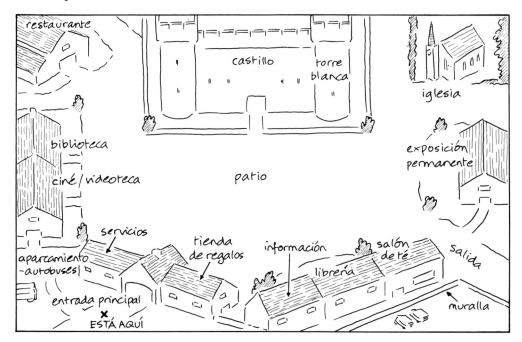

a) ¿Dónde está el cine por favor?

b) ¿Dónde está el salón de té por favor?

c) ¿Dónde está la Torre Blanca por favor?

d) ¿Dónde está la iglesia por favor?

e) ¿Dónde está la salida por favor?

f) ¿Dónde está la librería por favor?

3 Now match up the English words or phrases with the names from the map.

a) church   b) book shop
c) library   d) tea shop
e) courtyard   f) tower
g) gift shop   h) wall
i) exhibition   j) exit

SITUACION C: *un turista busca ayuda*

VOCABULARIO

el puesto de socorro	*first aid post*
¿qué pasa?	*what's the matter?*
estar herido/a	*to be hurt*
grave	*serious*
estar sentado/a	*to be sitting down*
la rodilla	*knee*
se ha caído	*she has fallen*
andar	*to walk*
voy a buscar	*I'm going to fetch*
vuelvo enseguida	*I'll be back at once*
una enfermera	*a nurse*

EMPLEADO: ¿Hay un problema? ¿Puedo ayudarle?

TURISTA: Busco el puesto de socorro.

EMPLEADO: ¿Qué pasa?

TURISTA: Mi mujer está herida.

EMPLEADO: ¿Es grave? ¿Dónde está? ¿Hay que llamar una ambulancia?

TURISTA: No. No es muy grave. Está sentada allí. Es su rodilla. Se ha caído.

EMPLEADO: ¿Puede andar?

TURISTA: No. Le duele mucho.

EMPLEADO: Bien. Espere aquí. Voy a buscar ayuda. Vuelvo enseguida con una enfermera.

TURISTA: Muchas gracias.

EXPLICACIONES

Ir *(to go)*

(yo) voy	*I go*	(nosotros) vamos	*we go*
(tú) vas	*you go*	(vosotros) váis	*you go*
(Ud) va	*you go*	(Uds) van	*you go*
(él/ella) va	*s/he goes*	(ellos/ellas) van	*they go*

Saying what's going to happen

The Spanish equivalent of 'going to' is very similar to the English: simply use ir *followed by* a *and another verb.*

voy a buscar una enfermera	*I'm going to fetch a nurse*

To be in pain

To say that a part of your body is hurting, use the following expressions:

me duele la rodilla	*my knee hurts*
me duelen los pies	*my feet hurt*

To talk about his/her/your pain, simply replace me *in the above examples with* le.

le duele la rodilla	*his/her/your knee hurts*
le duelen los pies	*his/her/your feet hurt*

¡Me duele mucho!

COMPRENSION

😐 El cuerpo *(the body)*

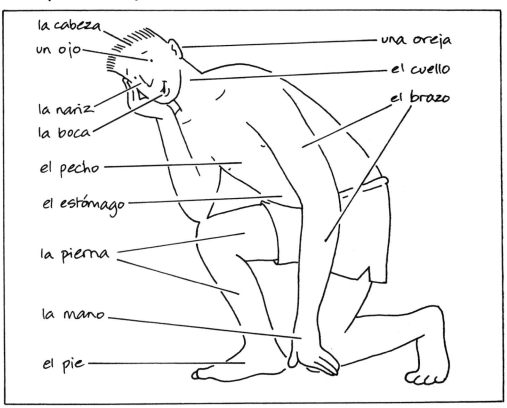

1 *Play* Simón dice *(Simon says) saying:*

Simón dice, ¡toque el/la . . . . !

or

¿Toque el/la . . . . !

2 *Translate the clues given in English to complete the grid. When you have finished, another word will appear in the shaded area.*

a) mouth
b) hand
c) arm
d) leg
e) nose
f) ear

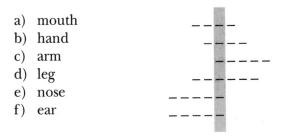

EJERCICIOS

1 Listen to the tape and say whether the statements about Señor Ruíz below are True or False.

    a) His neck hurts

    b) His stomach hurts

    c) His arm hurts

    d) His leg hurts

    e) His nose hurts

2 A man has injured himself playing tennis: give him reassurance and tell him what you are going to do.

Tell him to stay there, that you are going to the first aid post, that you are going to look for a doctor (*un médico*), that you are going to telephone for an ambulance.

3 With a partner, play the part of the First-aider, or the part of the injured person in the following dialogue.

– Ask what the matter is.

– *(Say your leg hurts.)*

– Ask if it is serious.

– *(Say that it hurts a lot. Ask the other person to fetch help.)*

– Ask if it is necessary to phone an ambulance.

– *(Say yes, and a doctor too.)*

– Say you will come back immediately.

Now listen to the tape and practise your pronunciation.

Unidad Siete

UNA VISITA A LONDRES

SITUACION A: _el señor Alvarez llama a Rover Tours_

VOCABULARIO

saber	_to know_
cada quince minutos	_every fifteen minutes_
¿cuánto tiempo dura?	_how long does it take?_
alrededor de	_about, approximately_
hay varias paradas	_there are several stops_
bajar	_to get off_
de nuevo	_again_
mismo/a	_same_
el trayecto	_the journey_
por adelantado	_in advance_

EMPLEADA: Rover Tours, dígame. ¿Puedo ayudarle?

SR. ALVAREZ: Buenos días Señora. Quiero saber si hay excursiones de Londres en autobús.

EMPLEADA: Por supuesto. Hay un autobús cada quince minutos.

SR. ALVAREZ: ¿Y cuánto tiempo dura?

EMPLEADA: Depende. La excursión directa dura alrededor de una hora y media. Pero hay varias paradas donde puede bajar. Entonces puede coger el autobús de nuevo en la misma parada para seguir el trayecto.

SR. ALVAREZ: Muy bien. ¿Cuánto es?

EMPLEADA: Seis libras para los adultos y cuatro libras cincuenta para los niños. Tiene que comprar los billetes por adelantado.

SR. ALVAREZ: Gracias Señora. Es usted muy amable.

EMPLEADA: De nada Señor. ¡Adiós!

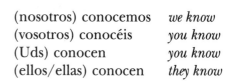

EXPLICACIONES

To know

In Spanish there are two words meaning 'to know'. The first, saber *means to know a fact; the second* conocer *means to know (to be familiar with) a person or a place. Look at the examples below:*

sabemos que hoy es domingo	*we know that today is Sunday*
conocemos un buen restaurante	*we know (of) a good restaurant*

Saber

(yo) sé	*I know*	(nosotros) sabemos	*we know*
(tú) sabes	*you know*	(vosotros) sabéis	*you know*
(Ud) sabe	*you know*	(Uds) saben	*you know*
(él/ella) sabe	*s/he knows*	(ellos/ellas) saben	*they know*

Conocer

(yo) conozco	*I know*	(nosotros) conocemos	*we know*
(tú) conoces	*you know*	(vosotros) conocéis	*you know*
(Ud) conoce	*you know*	(Uds) conocen	*you know*
(él/ella) conoce	*s/he knows*	(ellos/ellas) conocen	*they know*

¿Sabe a qué hora llega el autobús?
Do you know at what time the bus arrives?

¿Conoce a mi mujer, Ana?
Do you know my wife, Ana?

Notice that conocer *is followed by* **a** *when referring to a person.*

Some more useful expressions

depende	*it depends*
¡Vale!	*OK, all right*

INFO

- Continental visitors don't always understand the concept of the queue. They often remark on the courtesy of the British who wait politely, but don't always imitate them!
- Double-decker buses (*un autobús de dos pisos*) are a rarity abroad, and are quite a novelty to foreign visitors.
- Remember that continental visitors (especially youngsters) may forget that we drive on the left, and may even wait for a bus on the wrong side of the road.

COMPRENSION

1 *Look at the brochure for the proposed excursions and answer the following questions in English.*

VISITAS Y EXCURSIONES

Además de las visitas a las numerosas playas de Aguilas, treinta y cuatro calas de gran belleza natural, el turista puede elegir:
EXCURSIONES DE UN DIA:
- LORCA: Ciudad monumental, a 37 Kms. de Aguilas. Castillo de Alfonso X, Colegiata de San Patricio, Palacio de Guevara, Columna Miliaria, Plaza de España, Ayuntamiento, etc.
- CARTAGENA: A 82 Kms. de Aguilas. Importante puerto militar. Castillo de la Concepción, Parque Torres, Submarino Peral, torre ciega, etc.
- ALMERIA: Puerta oriental de Andalucía, a 120 Kms. de Aguilas. Catedral, Alcazaba árabe, Museo arqueológico, Santuario, etc.
- MURCIA: Capital de la Comunidad Autónoma; Huerta de Europa. A 103 Kms. de Aguilas. Museo Salcillo, Arqueológico, Santuario Fuensanta, Catedral. Numerosas Iglesias de interés, parques y jardines.
- LA MANGA DEL MAR MENOR: Importante núcleo turístico por sus instalaciones hoteleras. Situada entre dos mares, es de gran belleza y único en Europa.
- MAZARRON: Bonita población y puerto pesquero a 40 Kms. de Aguilas, con bonitas playas naturales. Castillos de Bolnuevo y Vélez.
- MOJACAR: A unos 50 Kms. al sur de Aguilas, en la provincia de Almería y situada sobre un monte junto al mar, con sabor moruno.
También se pueden realizar excursiones de 2 ó más días a zonas poco distantes, como MELILLA (en barco o en avión) desde ALMERIA, GRANADA, SIERRA DE CAZORLA, JAEN, MALAGA, ALICANTE, CUENCA . . .

a) Where would you go to visit beautiful natural beaches?

b) Where would you go to visit a military port?

c) Where would you go to visit an archaeological museum?

d) Which town is situated between two seas?

e) Which town is situated on a mountain near the sea?

f) Where would you go to visit a cathedral and other interesting churches?

2 *Look at the sentences below and fill in the blanks with* sabe *or* conoce. *When you have finished, check your answers with the tape and practise your pronunciation.*

a) ¿......... dónde está la parada de autobús?

b) .... muy bien el museo de Londres.

c) No .... a mi mujer Juana.

d) .... que el billete es de ida y vuelta.

e) No .... cuánto tiempo dura la excursión.

EJERCICIOS

1 Use the information below to help you reply to a customer's questions. (You are in Madrid.)

Comunicaciones Madrid-Alcalá-Madrid

Autobús:
Continental Auto. Madrid-Alcalá:
Avda. de América (Metro Cartagena o
Avda. América). Horario: desde las 6,15 h.
a las 23,45 h., cada 15 min.
Alcalá-Madrid: Avda. de Guadalajara, 5.
Horario: desde las 6 h. a las 23 h. cada 15 min.

Ferrocarril: Desde las estaciones de Chamartín,
Nuevos Ministerios, Recoletos o Atocha,
cada 20 min.
Horario: desde las 5,30 h. a las 23,30 h.

– *(The phone rings. Greet the customer.)*

– Quiero saber a qué hora salen los autobuses para Alcalá.

– *(Give the appropriate information.)*

– ¿Y de dónde salen los autobuses?

– *(Give the relevant information.)*

– ¿Y a qué hora sale el último autobús de Alcalá a Madrid?

– *(Give the relevant information.)*

– ¿Y los trenes? ¿De qué estaciones salen los trenes para Alcalá?

– *(Give the relevant information.)*

– ¿A qué hora sale el primer tren?

– *(Give the relevant information.)*

– Gracias. Es usted muy amable.

– *(Reply appropriately, and say goodbye.)*

2 Listen to the phrases on the tape and complete the grid below with the missing words. When you have finished, another word will appear in the shaded area.

a) ¿A qué hora sale el tren . . . .
   Barcelona?   _ _ _ _

b) El . . . . llega en cinco minutos.   _ _ _ _ _ _

c) El . . . . sale a las diez horas y treinta.   _ _ _

d) Hay autobuses . . . . veinte minutos.   _ _ _

e) Es un billete de . . . . y vuelta.   _ _

f) Tiene que comprar los billetes por
   . . . .   _ _ _ _ _ _ _ _

SITUACION B: *un grupo de turistas españoles coge un barco sobre el Támesis*

VOCABULARIO

un barco	*boat*
el Támesis	*the Thames*
un billete sencillo	*a single ticket*
un billete de ida y vuelta	*a return ticket*
un descuento de un 10 por ciento	*a 10 per cent discount*
un recibo	*a receipt*
próximo	*next*
salir	*to leave*
el muelle	*quay*

TURISTA: Buenos días Señora. ¿Hay que coger el barco para Greenwich aquí?

EMPLEADA: Eso es Señor. ¿Cuántas personas son?

TURISTA: Somos veinte adultos y diez niños.

EMPLEADA: ¿Billetes sencillos o de ida y vuelta?

TURISTA: De ida y vuelta por favor.

EMPLEADA: Entonces, son seis libras cada adulto y cuatro libras cada niño.

TURISTA: ¿Hay que pagar para el bebé?

EMPLEADA: No, es gratis para los niños menores de cinco años. Hay también un descuento de un diez por ciento. Es la tarifa de grupo.

TURISTA: ¿Puedo pagar con el Eurocheque?

EMPLEADA: Por supuesto Señor. Firme aquí por favor. Gracias. Aquí tiene su recibo. El próximo barco sale en dos minutos. Pase al muelle por favor.

EXPLICACIONES

Salir *(to leave, to go out)*

(yo) salgo	*I leave*	(nosotros) salimos	*we leave*
(tú) sales	*you leave*	(vosotros) salís	*you leave*
(Ud) sale	*you leave*	(Uds) salen	*you leave*
(él/ella) sale	*s/he leaves*	(ellos/ellas) salen	*they leave*

Phrases using tener

You have already seen the expression niños menores/mayores de cinco años, *but when giving exact ages, you use the verb* tener.

María tiene seis años	*María is six years old*
Juan tiene sesenta años	*Juan is sixty years old*

Tener *is also used in the following expressions, where English would use the verb 'to be'.*

tener frío*	*to be cold*
tener calor*	*to be hot*
tener razón	*to be right/correct*
tener sed	*to be thirsty*
tener hambre	*to be hungry*
tener suerte	*to be lucky*
tener prisa	*to be in a hurry*

* When using these to mean the weather is hot/cold, use the verb hacer *instead of* tener.

Tengo frío.

Hace frío.

COMPRENSION

1 *Look at the advertisement below, and answer the following questions in English.*

Santiago-Suiza

Sólo por 25.300 ptas.*
Iberia le quita la morriña.
Ahora Iberia le ofrece más vuelos cada día.

Reserve su billete en el teléfono 981 57 42 00. Consulte con *IBERIA*
o su Agencia de viajes para tarifas especiales de ida y vuelta desde 46.450 ptas.

DESDE SANTIAGO DE COMPOSTELA A GINEBRA.

FRECUENCIA	HORAS DE SALIDA	OBSERVACIONES
Diario	07.25 h. 09.25 h.	Vía Madrid
Diario	07.35 h.	Vía Barcelona

DESDE SANTIAGO DE COMPOSTELA A ZURICH.

FRECUENCIA	HORAS DE SALIDA	OBSERVACIONES
Diario	07.25 h. 09.05 h. 16.55 h.	Vía Madrid
Diario	07.35 h.	Vía Barcelona

a) How can you book a ticket?

b) How many flights are there from Santiago de Compostela to Geneva daily?

c) From what price do return tickets start?

d) If you caught the 09.05 plane to Zurich, via which Spanish airport would you travel?

e) How often can you fly to Zurich via Barcelona and at what time?

---

2 *Look at the pictures opposite and match them with the appropriate phrases.*

a) Tenemos sed.

b) Tiene cinco años.

c) Tengo razón.

d) Tienes hambre.

e) Tienen frío.

f) Tiene suerte.

g) Tengo prisa.

h) Hace calor.

i) ii) iii)

iv) v) $2 \times 2 = 4$ vi)

vii) viii)

EJERCICIOS

1 Using the following information to help you, answer the customer's questions. (It is 8 a.m. on Wednesday 9 August.)

Rochester-Southend Service

DEPARTURE TIMES	*Weekdays*	*Sundays*
Depart Strood Pier	9.00am	10.00am
Depart Sun Pier. Chatham	9.10am	10.10am
Arrive Southend Pier	11.00am	12 noon

OPERATING DAYS	
May	Tue-Sun
June	Tue-Wed-Thu-Sun
July	Tue-Wed-Thu-Fri-Sun
August	Tue-Wed-Thu-Fri-Sun
September	Tue-Wed-Thu-Sun

All Bank Holiday Mondays at Weekday times

TIME ASHORE	*6 Hours*	*7 Hours*
Depart Southend Pier	5.00pm	7.00pm
Arrive Sun Pier. Chatham	6.50pm	8.50pm
Arrive Strood	7.00pm	9.00pm

RETURN FARE		SINGLE FARE	
Adults	£8.50	Adult	£4.50
Senior Citizens	£6.50	Children	£3.00
Children Under 12	£4.50		
Children 2 and under	Free		

– Buenos días. ¿A qué hora sale el barco para Southend desde Strood por favor?

– ¿Y a qué hora llega a Southend?

– ¿A qué hora vuelve el último barco de Southend?

– ¿A qué hora llega a Strood?

– ¿Hay excursiones el domingo en agosto, y a qué hora?

– ¿Cuánto son los billetes de ida y vuelta?

– ¿Y los billetes sencillos?

– ¿Qué es el horario de días festivos?

Now listen to the model dialogue and practise your pronunciation.

SITUACION C: *la señora Viñas compra algunos regalos en el museo de Bellas Artes*

VOCABULARIO

una camiseta	*a T-shirt*
¿qué tallas tiene?	*what sizes do you have?*
pequeño	*small*
mediano	*medium*
grande	*large*
una postal	*postcard*
no . . . más	*no more*
un paquete de diapositivas	*a packet of slides*
un carrete . . .	*a film (for a camera)*
. . . de 24 o 36 fotos	*24 or 36 exposures*

SRA. VIÑAS: Perdón Señor. ¿Cuánto valen las camisetas?

EMPLEADO: Ocho libras sesenta y cinco, Señora.

SRA. VIÑAS: ¿Qué tallas tiene?

EMPLEADO: Para los adultos, pequeño, mediano y grande. Tenemos también tallas para niños.

SRA. VIÑAS: Llevo dos: una grande y una mediana. Llevo también cuatro postales.

EMPLEADO: Lo siento Señora. No hay más tallas grandes.

SRA. VIÑAS: No importa, llevo dos medianas. Quiero también un paquete de diapositivas y un carrete.

EMPLEADO: Muy bien Señora. ¿Un carrete de veinticuatro o de treinta y seis fotos?

SRA. VIÑAS: Un carrete de treinta y seis fotos. ¿Cuánto es el total?

EMPLEADO: Veintiuna libras treinta Señora.

SRA. VIÑAS: Aquí tiene mi tarjeta de crédito.

EMPLEADO: Gracias Señora.

Valer *(to be worth, to cost)*

This verb is usually used only in the él/ella *and the* ellos/ellas *form, when talking about prices.*

Vale tres libras cincuenta.   Valen veinte peniques.

No . . . más

To emphasise the fact that there is no more of what you are talking about, put más *in front of the noun in a negative sentence. Look at these examples below:*

no hay billetes   *there are **no** tickets*
no hay más billetes   *there are **no more** tickets*

¡No hay más dinero!

Quantities

As you know expressions of quantity use de *in Spanish (see Unit 3):*

un paquete de diapositivas   *a packet of slides*

Sometimes, however, the expression of quantity is not obvious to English speakers:

un carrete de treinta y seis fotos

In this case carrete *represents the total quantity of exposures on the film.*

INFO

- Spanish visitors may ask for their purchases to be gift-wrapped (*un paquete-regalo*), and may be surprised if this service is not available.

COMPRENSION

1 *Look at the following advertisement and give the cost of the following. Listen to the tape and check the pronunciation of the answers.*

a) 2 large posters, 5 postcards, 1 T-shirt

b) 1 packet of slides, 1 36 exposure film

c) 3 T-shirts, 2 packets of slides

d) 2 small posters, 1 large poster, 3 postcards

Museo de Bellas Artes		
Poster	grande	250 pts
	pequeño	175 pts
Camiseta		2.000 pts
Postal		80 pts
Carrete	(24 fotos)	600 pts
	(36 fotos)	750 pts
Diapositivas		1.250 pts

2 *Match the following expressions with the crafts on offer in the brochure below.*

a) juguetes

b) joyería

c) cerámica

d) carpintería

e) alfarería

f) flores de seda

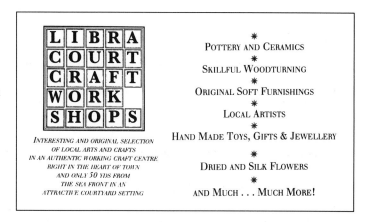

LIBRA COURT CRAFT WORK SHOPS

INTERESTING AND ORIGINAL SELECTION OF LOCAL ARTS AND CRAFTS IN AN AUTHENTIC WORKING CRAFT CENTRE RIGHT IN THE HEART OF TOWN AND ONLY 50 YDS FROM THE SEA FRONT IN AN ATTRACTIVE COURTYARD SETTING

* POTTERY AND CERAMICS
* SKILLFUL WOODTURNING
* ORIGINAL SOFT FURNISHINGS
* LOCAL ARTISTS
* HAND MADE TOYS, GIFTS & JEWELLERY
* DRIED AND SILK FLOWERS
* AND MUCH . . . MUCH MORE!

EJERCICIOS

1 Use the prompts below to complete the conversation with the customer.

– Quiero tres camisetas pequeñas y dos grandes por favor. ¿Cuánto valen?

– *(Apologise. There are no small T-shirts left. T-shirts cost £5.00.)*

– No importa. Llevo tres pequeñas y dos medianas entonces. ¿Hay postales?

– *(Say yes. They are 25p each.)*

– Llevo seis entonces. ¿Tiene sellos?

– *(Say no. It's necessary to go to the Post Office.)*

– ¿Cuánto vale un paquete de diapositivas?

– *(Say it is £4.25.)*

– Llevo uno. ¿Cuánto es en total?

– *(Give the total price.)*

2 Listen to the sentences and tick the *no* or the *no . . . más* column depending on what you hear.

	No	No . . . más
a) money		
b) films		
c) T-shirts		
d) postcards		
e) slides		

3 Unscramble the following sentences.

a) grande y postales quiero dos una camiseta.

b) cinco vale diapositivas un de libras paquete.

c) ¿carrete fotos el tiene cuántas?

d) de vuelta billete y un tengo ida.

e) minutos barco en el sale quince.

Unidad Ocho

EN EL CENTRO DEPORTIVO

SITUACION A: *un cliente llama para preguntar cómo llegar al centro*

VOCABULARIO

una pista de tenis	*a tennis court*
mañana por la mañana	*tomorrow morning*
pasado mañana	*the day after tomorrow*
¿para llegar a . . . ?	*how do you get to . . . ?*
una señal marrón	*a brown sign*
cruce el puente	*cross the bridge*
junto a	*alongside*
la playa	*the beach*
a pie	*on foot*

CLIENTE: Buenos días. ¿Es el Hillside Sports Centre?

EMPLEADA: Sí Señor. ¡Dígame!

CLIENTE: Quiero reservar una pista de tenis. ¿Hay pistas disponibles mañana por la mañana?

EMPLEADA: No, lo siento, están todas reservadas. ¿Pasado mañana por la tarde?

CLIENTE: Sí muy bien, ¿y para llegar al club por favor?

EMPLEADA: En coche, tiene que seguir la carretera A380 en dirección de Torquay, y hay una señal marrón . . .

CLIENTE: Voy en tren.

EMPLEADA: Entonces, desde la estación, cruce el puente, y el club está en la calle Esplanade, junto a la playa. Está al lado del teatro y del casino.

CLIENTE: ¿Está lejos?

EMPLEADA: No, está a trescientos metros, es cinco minutos a pie.

CLIENTE: Muchas gracias Señora.

EXPLICACIONES

Ayer, hoy y mañana

	lunes 16	**martes 17**	**miércoles 18**	**jueves 19**
	ayer	*hoy*	*mañana*	*pasado mañana*
7h	por la mañana	esta mañana	por la mañana	por la mañana
12h	al mediodía	al mediodía	al mediodía	al mediodía
15h	por la tarde	esta tarde	por la tarde	por la tarde
21h	por la tarde	esta tarde	por la tarde	por la tarde

Note that although tarde *can mean either 'afternoon' or 'evening', when talking about 'late evening' it is also common to hear* por la noche.

Expressing distances in measurements or times

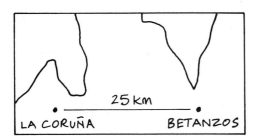

está **a** 25 kilómetros

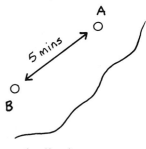

está **a** 5 minutos

Saying where things are

junto al río

en dirección de Blackpool

INFO

dos campos de golf de 18 hoyos – cuatro pistas de squash – gimnasio – piscina cubierta – solárium – sauna – balneario – baño turco – dos pistas de tenis – una pista de badminton – tres mesas de billar – área de recreo – salón de belleza

COMPRENSION

1 *Look at the map of Puebla and check if the information below is true or false.*

* paradas de autobús   1 estación   2 centro comercial La Molina   3 centro Neptuno   4 parque Murillo   5 teatro   6 casino   7 playa   8 puerto   9 Hotel Moreno   10 Ribera

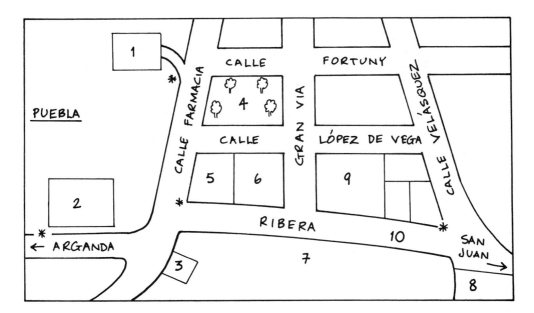

a) El centro Neptuno está junto a la playa.

b) Está al lado del centro comercial.

c) Desde la estación, coja la izquierda.

d) Hay una parada de autobús delante del centro Neptuno.

e) El centro está detrás del parque Murillo.

f) Desde la estación, tiene que cruzar el puente para llegar al centro.

g) El centro está junto a la ribera.

EJERCICIOS

1 Say when this tourist is going to do the following things.

> e.g. ¿Va al teatro esta tarde? (mañana)
> No, va al teatro mañana.

> a) ¿Va al centro deportivo mañana? (hoy)

> b) ¿Coge el tren hoy? (pasado mañana)

> c) ¿Visita el castillo mañana por la tarde? (mañana por la mañana)

> d) ¿Compra los regalos esta mañana? (esta tarde)

> e) ¿Llega hoy? (mañana por la tarde)

2 You work at a Sports Centre and receive a telephone call from a client who wishes to sign up for the courses you run. Using the information and the prompts given below, complete the registration form.

ACTIVIDADES DEPORTIVAS

1.- COMPETICIONES

● El Servicio de Deportes organiza, a lo largo del curso, competiciones internas de los deportes que nos solicitéis.
● Ajedrez
● Atletismo
● Badminton
● Baloncesto
● Balonmano
● Campo a Través
● Frontenis
● Fútbol
● Fútbol-Sala
● Judo
● Karate
● Rugby
● Squash
● Taekwondo
● Voleibol
● Tenis
● Tenis de mesa
● Tiro con arco
● Etc.

COMIENZO DE COMPETICIO-NES EL 20 DE OCTUBRE

● El Servicio de Deportes canaliza la representación de la Universidad en los Campeonatos Universitarios Autonómicos y Nacionales. Cada año se organizan campeonatos en todas las modalidades deportivas, incluídas golf, esgrima, esquí, badminton, tiro al plato, etc.
Si tienes nivel para participar, háznoslo saber cuanto antes (rellena tu ficha).

2.- ESCUELAS DEPORTIVAS

Te iniciamos en el deporte que elijas desde los niveles más bajos.
Elije:
● Escuela de tenis
● Escuela de badminton
● Escuela de defensa personal - karate
● Escuela de taekwondo
● Escuela de tiro con arco
● Escuela de rugby
● Escuela de atletismo / preparación física
● Escuela de tenis de mesa
● Escuela de baloncesto femenino
● Escuela de futbol-sala femenino
● Escuela de balonmano
● Gimnasia de mantenimiento (Posible inauguración del Pabellón en Enero)
● Escuela de Buceo / Submarinismo
● Escuela de lucha

COMIENZO de las clases, 1 de Octubre.

FICHA ACTIVIDADES DEPORTIVAS

Apellidos	
Nombre	D.N.I.
Fecha Nacimiento	
Calle	n.º piso
Localidad	Provincia
Código postal	Teléfono

FACULTAD	CURSO

Profesor ☐   P.A.S. ☐

Avisadme cuando organiceis una **competición** de:

☐ tenis ☐ badminton ☐ ajedrez   ☐ _____

(Rellenad sólo con deporte individuales. Deportes colectivos debe inscribirse equipo completo).

Me interesa participar en la **escuela deportiva** de:

☐ badminton   ☐ _____   ☐ _____

Quiero recibir información sobre cursos de:

☐ esquí ☐ actividades naúticas   ☐ _____

Sugerencias _____

– *(The phone rings. Answer appropriately.)*

– Buenos días. Quiero participar en la escuela de tiro con arco. ¿Es posible?

– *(Say yes, and ask for the name and address of the caller.)*

– Soy Miguel Morales: M–O–R–A–L–E–S. Mi dirección es calle Luz 18, 28804 Alcalá de Henares. ¿Cuándo empiezan las clases?

– *(Reply appropriately. Ask if he would like information on skiing courses.)*

– No, pero quiero recibir información sobre las competiciones de ajedrez.

– *(Say of course, and give the starting dates for competitions.)*

– Muchas gracias. Es usted muy amable.

– *(Reply appropriately, and end the conversation.)*

Now listen to the model dialogue and practise your pronunciation.

3 With a partner, make up similar conversations using the information above.

SITUACION B: *un grupo de jóvenes españoles llega al centro deportivo*

VOCABULARIO

la pulsera	*bracelet*
sacar los zapatos	*to take off your shoes*
avisamos el color	*we call out the colour*
cambiamos	*we change*
el vestuario	*the changing-room*
poner la ropa en un cajón	*put the clothes in a locker*
no empujar	*don't push*
¿podemos echarnos de cabeza?	*can we dive?*
saltar	*to jump*
cuidado	*be careful*
la ola	*wave*

EMPLEADO: Vuestros billetes por favor. ¡Pasar por aquí! Aquí tenéis las pulseras. Sacar los zapatos antes de entrar, por favor.

NIÑA: ¿Por qué tenemos que llevar las pulseras?

EMPLEADO: Tenéis que salir de la piscina cuando avisamos el color de vuestras pulseras. Cambiamos de color cada media hora.

NIÑA: ¿Dónde están los vestuarios?

EMPLEADO: Niñas por aquí, niños por allí. Poner la ropa en los cajones.

NIÑA: ¿Cuánto es?

EMPLEADO: Cincuenta peniques. No perder la llave. Por favor, no empujar, ¡uno a la vez!

NIÑA: ¿Podemos echarnos de cabeza o saltar?

EMPLEADO: Sí, en la piscina especial. Y cuidado, hay olas cada veinte minutos.

EXPLICACIONES

How to say 'every so often'

todos los días   cada media hora   cada 15 minutos

Giving orders

In an informal situation, it is quite usual to give orders by using the infinitive of the verb. Look at the following examples:

Formal
¡Pase por aquí!
¡No pierda la llave!
¡No perder la cabeza!

Informal
¡Pasar por aquí!
¡No perder la llave!
¡No llevar zapatos!

How to warn someone of danger

¡Cuidado!   ¡Peligro!

INFO

- Notice that when speaking to a child or children, you should use the *tú/vosotros* forms of 'you'.
- Coloured armbands used in British swimming pools at peak times to avoid overcrowding may not be familiar to continental visitors. They will not understand the announcements to leave the pool either: a translated notice in the changing-room explaining the system, and the use of visual or other non-verbal calls would be useful if pools are used by many foreign visitors.

COMPRENSION

1 *Study the following notices seen around leisure centres, and decide if the following actions are allowed, requested or banned. Match the signs with the actions.*

i) piscina poca profunda – prohibido echarse de cabeza

vi) para su seguridad – guardar sus efectos personales en el cajón

ii) por favor, tirar los desperdicios en las papeleras

vii) prohibido fumar

iii) utilizar las duchas

viii) uso de cascos obligatorio

iv) por favor, sacar los zapatos aquí

ix) entrada al bar prohibida a menores de 13 años no acompañados

v) no sacar las llaves de los cajones

x) guardar los billetes

a) wear a helmet
b) lock away personal belongings

c) take shoes off
d) keep tickets
e) take locker keys away

f) smoking
g) if accompanied by an adult, a 13-year-old can go into the bar.
h) put litter in bins
i) use showers
j) diving

EJERCICIOS

1 Tell Spanish children not to do the following:

    a) buy cigarettes   b) turn left
    c) jump in the pool   d) wear shoes
    e) lose the keys   f) push

2 Help this Spanish family, using the Leisure Centre details below. (It is 11 a.m. on Thursday.)

– *(Ask if they want tickets for the swimming pool.)*

– Sí, dos adultos y dos niños.

– *(Consult the opening times and give the appropriate information.)*

– ¿Está abierta por la tarde?

– *(Say until what time it is open.)*

– ¿Podemos entrar a las diecinueve horas?

– *(Consult the timetable and explain about the adults-only session.)*

– ¿Y mañana?

– *(Give the opening hours for Friday.)*

– Muchas gracias.

– *(Reply appropriately and say goodbye.)*

OPENING TIMES
STROOD SPORTS CENTRE

SWIMMING POOL

Monday	7.00am - 9.00am/12 noon - 8.00pm
Tuesday	7.00am - 9.00am/9.00am - 10.00am/12 noon - 8.00pm
Wednesday	9.00am - 10.00am/12 noon - 8.00pm
Thursday	7.00am - 9.00am/9.00am - 10.00am/12 noon - 8.00pm
Friday	12 noon - 5.00pm
Saturday	9.00am - 1.00pm/2.00pm - 6.00pm
Sunday	9.00am - 1.00pm/2.00pm - 6.00pm
Bank Holidays	9.00am - 1.00pm/2.00pm - 6.00pm
Adult-only sessions	
Tuesday/Wednesday/Thursday	9.00am - 10.00am
Thursday	6.45pm - 7.45pm
Sunday	8.00pm - 9.00pm
School Holidays	Open from 9.00am

Last ticket sold 40 minutes before closing time.
Swimmers are asked to leave the water 20 minutes before closing.
The City Council reserves the right to alter these hours at any time.

SITUACION C: *avisos al público en la piscina*

VOCABULARIO

un aviso al público	*a public announcement*
un nadador	*a swimmer*
no entiendo	*I don't understand*
inexperto	*inexperienced*
un silbato	*whistle/alarm*
un ejercicio en caso de incendio	*fire alarm*
afuera	*outside*
una manta térmica	*a space blanket*
rogamos	*we're asking*

(Después de un aviso al público)

NADADOR: ¿Perdón? ¿Qué dice? No entiendo . . .

EMPLEADO: Llamamos a los nadadores con pulseras amarillas. Tienen que salir ahora. Y anunciamos también las olas. Los nadadores inexpertos tienen que ir junto al borde de la piscina.

(Silbato y aviso)

NADADOR: ¿Qué pasa? Todo el mundo sale.

EMPLEADO: Sí, es un ejercicio en caso de incendio. Siga los otros afuera.

NADADOR: ¿Puedo ir al vestuario?

EMPLEADO: ¡No! Salga inmediatamente así.

NADADOR: Pero tengo frío . . .

EMPLEADO: Aquí tiene una manta térmica. Hay que salir inmediatamente. Rogamos a los clientes esperar delante de la puerta principal.

EXPLICACIONES

Making public announcements

The following expressions are often used to introduce public announcements:

llamamos . . .	*we are calling . . .*
avisamos/anunciamos . . .	*we are announcing . . .*
rogamos . . .	*we are asking/requesting . . .*
advertimos . . .	*we are warning . . .*

¡Rogamos a los clientes salir inmediatamente de la piscina!

Entender *(to understand)*

(yo) entiendo	*I understand*	(nosotros) entendemos	*we understand*
(tú) entiendes	*you understand*	(vosotros) entendéis	*you understand*
(Ud) entiende	*you understand*	(Uds) entienden	*you understand*
(él/ella) entiende	*he/she understands*	(ellos/ellas) entienden	*they understand*

You have already seen another form of this verb, entendido, *being used to mean 'fine' or 'understood'.*

Decir *(to say)*

(yo) digo	*I say*	(nosotros) decimos	*we say*
(tú) dices	*you say*	(vosotros) decís	*you say*
(Ud) dice	*you say*	(Uds) dicen	*you say*
(él/ella) dice	*he/she says*	(ellos/ellas) dicen	*they say*

COMPRENSION

1 *Look at the information below and match up the Spanish words with the facilities offered.*

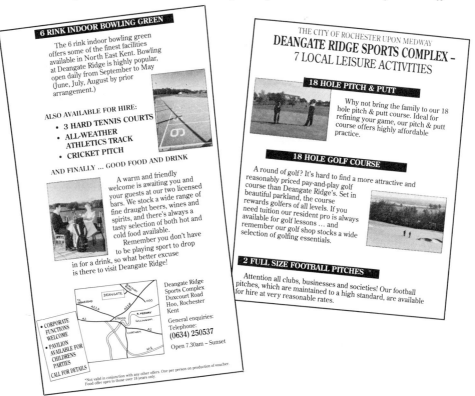

a) prado cubierto para jugar a las bochas

b) campo de críquet

c) se alquila

d) pista atlética

e) minigolf de 18 hoyos

f) pabellón disponible para fiestas de niños

g) campo de golf

h) campo de fútbol

i) pistas de tenis de barro

j) de tamaño natural

Listen to the tape and practise your pronunciation.

---

2 Sopa de letras: *Find as many words to do with sports centres as you can.*

```
Ñ  N  P  R  B  D  E  P  O  R  T  E
U  A  E  S  A  E  S  Q  U  I  Q  B
S  D  O  L  L  P  U  L  S  E  R  A
C  A  M  P  O  D  E  G  O  L  F  D
A  D  J  I  N  I  N  P  O  P  U  M
J  O  U  O  C  C  A  I  Z  I  P  I
O  R  D  T  E  N  I  S  L  S  C  N
N  M  O  E  S  R  O  C  N  T  A  T
H  O  Y  O  T  J  S  I  V  A  S  O
F  U  T  B  O  L  P  N  A  A  C  N
T  I  R  O  C  O  N  A  R  C  O  G
```

EJERCICIOS

 1 Use the information about the Deangate Ridge Sports Complex on page 102 to help you answer the customer's queries.

– Buenos días. ¿El centro Deangate Ridge?

– *(Confirm.)*

– Quiero reservar una pista de tenis mañana por la tarde. ¿Son pistas de hierba?

– *(Reply appropriately to the question. Say there is a court free at 3 p.m.)*

– Muy bien. ¿Qué otras facilidades de ocio hay en el centro?

– *(List the facilities available.)*

– ¿Hay un restaurante?

– *(Confirm. Say that a variety of food is available and that the premises are licensed.)*

– ¿Y dónde está exactamente? Vengo de Chatham en coche.

– *(Give the appropriate directions.)*

– Muchas gracias. Es usted muy amable.

– *(Reply appropriately and say goodbye.)*

Unidad Nueve

EN EL MUSEO DE LUPULO

SITUACION A: *información sobre el camping*

VOCABULARIO

el museo de lúpulo	*the hop farm museum*
una plaza	*a pitch*
una tienda (de campaña)	*a tent*
una tienda de alimentación	*a grocery shop*
la leche	*milk*
una variedad	*a variety*
los alimentos	*foodstuffs*
recibir	*to receive*
fresco	*fresh*
diariamente	*daily*

TURISTA: Buenos días. ¿Sunnyvale Campsite? Quiero reservar una plaza el en camping para una tienda por favor.

RECEPCIONISTA: ¿Para cuántos días?

TURISTA: Para solamente dos días. ¿Cuánto es al día?

RECEPCIONISTA: ¿Para cuántas personas? ¿Tiene un coche?

TURISTA: Somos tres personas en coche.

RECEPCIONISTA: Entonces, la plaza para una tienda es seis libras, el coche es dos libras cincuenta, y es dos libras cada persona.

TURISTA: ¿Qué servicios hay en el camping?

RECEPCIONISTA: Hay duchas, una tienda de alimentación, y un área de recreo para los niños. También hay electricidad si quiere, pero tiene que pagar un suplemento.

TURISTA: ¿Puedo comprar pan y leche por las mañanas?

RECEPCIONISTA: Por supuesto. Hay una variedad de alimentos. Recibimos pan y leche fresca diariamente.

EXPLICACIONES

Regular occurrences

The following are useful words to know when talking about regular occurrences.

cada hora	*hourly*
diariamente	*daily*
semanalmente	*weekly*
quincenalmente	*fortnightly*
mensualmente	*monthly*
anualmente	*yearly*

El autobús sale cada hora   El correo llega diariamente   La revista sale semanalmente

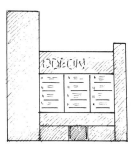

La película cambia quincenalmente   Hay un concierto mensualmente   La fiesta del pueblo ocurre anualmente

---

Recibir *(to receive)*

(yo) recibo	*I receive*	(nosotros) recibimos	*we receive*
(tú) recibes	*you receive*	(vosotros) recibís	*you receive*
(Ud) recibe	*you receive*	(Uds) reciben	*you receive*
(él/ella) recibe	*he/she receives*	(ellos/ellas) reciben	*they receive*

COMPRENSION

1 *Match up the signs with the English and Spanish explanations below.*

a)   b)   c)   d)   e)

f)   g)  h)   i)   j)

k)   l)   m)   n)  o)

1) telephone	i) tienda de alimentación
2) open fires allowed	ii) caravana
3) restaurant	iii) buzón de correo
4) shop	iv) motocicleta
5) showers	v) cambio
6) caravan	vi) tienda de campaña
7) post box	vii) teléfono
8) bar	viii) puesto de socorro
9) money-changing facilities	ix) restaurante
10) motorbike	x) furgoneta de camping
11) first-aid post	xi) coche
12) tent	xii) hogueras admitidas
13) camper van	xiii) área de recreo
14) car	xiv) duchas
15) play area	xv) bar

2 *Listen to the sentences on the tape, and tick the appropriate column.* (D: diariamente, H: cada hora, S: semanalmente, Q: quincenalmente, M: mensualmente, A: anualmente.)

H   D   S   Q   M   A

a) newspaper
b) train
c) boat
d) fiesta
e) bills
f) cinema

EJERCICIOS

1 Use the information below to help you answer the customer's queries.

The caravan site is in a quiet setting situated in a secluded area of the farm, but is within easy walking distance of all the attractions.

We have just completed the new toilet and shower facility, and have a permanent Elsan emptier on site. There is also a water standpipe in close proximity to the caravan and camping site.

The cost per van or tent is £11.00 per night (Special Event Weekends may incur extra costs). Prices include the Farm's attractions, which are only open during the farm's opening hours. Anyone violating this privilege will be asked to leave the site or have a fine imposed upon them at the discretion of the General Manager. If your stay is longer than two nights, discounts are available on request.

Discounts are available for Rallies of 20 or more.

If you would like further details, please contact Christine Woodhams on (0662) 872068.

– Buenos días Señora. Quiero una plaza en el camping por favor.

– *(Ask if it is for a tent or a caravan.)*

– Es para una caravana.

– *(Ask for how many people and for how many nights.)*

– Cuatro personas para dos noches. ¿Cuánto es?

– *(Give the price per night and say that entrance to the farm* (la granja) *is included in the price.)*

– ¿El camping está lejos de la granja?

– *(Reply appropriately.)*

– ¿Qué servicios hay?

– *(Reply appropriately.)*

– Muchas gracias Señora.

– *(Reply appropriately.)*

Now listen to the tape and practise your pronunciation.

SITUACION B: *un turista español reserva entradas para un concierto por teléfono*

VOCABULARIO

al aire libre	*in the open air*
este verano	*this summer*
una diferencia de precio	*a difference in price*
comprado	*bought*
las más caras	*the most expensive*
¿puede enviarme . . . ?	*can you send me?*

TURISTA: Buenos días.

RECEPCIONISTA: Sí Señor. ¿Puedo ayudarle?

TURISTA: Sí Señorita. ¿Hay algunos conciertos de música popular al aire libre este verano?

RECEPCIONISTA: Sí, desde el día veintitrés de julio hasta el día veinticinco.

TURISTA: ¿A qué hora?

RECEPCIONISTA: A las diecinueve horas.

TURISTA: Muy bien. ¿Y hay otros conciertos?

RECEPCIONISTA: Sí, hay un festival calipso el día treinta y uno de mayo.

TURISTA: ¿Cuánto valen las entradas?

RECEPCIONISTA: Para el concierto de música popular, las entradas valen ocho libras cincuenta o nueve libras cincuenta.

TURISTA: ¿Por qué hay esta diferencia de precio?

RECEPCIONISTA: Hay entradas anticipadas y también entradas compradas el día del concierto. Las entradas compradas el día del concierto son las más caras. También hay una entrada para los tres días.

TURISTA: ¿Puede enviarme un programa? Mi dirección es calle Sagasta 19, 18600 Motril. Mi nombre es Moreno M–O–R–E–N–O.

EXPLICACIONES

Comparing things

Remember that más *means 'more', and* menos *means 'less'. When you are comparing things or people, remember to add* que.

Juan es **más** alto **que** Miguel

When you want to say the biggest, smallest etc., put él/la/los/las *in front of the describing word* más *or* menos.

Las entradas compradas el día del concierto son las más caras.

el anillo es caro

el anillo es más caro

el anillo es el más caro

Saying this/that etc.

To say 'this', 'that', 'these' and 'those', you should use the following words.

this/these	that/those
este libro (ms)	**ese** libro (ms)
esta casa (fs)	**esa** casa (fs)
estos niños (mpl)	**esos** niños (mpl)
estas entradas (fpl)	**esas** entradas (fpl)

COMPRENSION

 1 *Read through the leaflet below. Listen to the tape and answer the tourist's questions.*

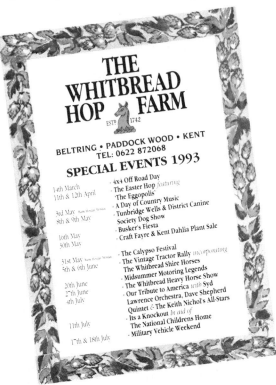

a) ¿Hay un festival de música country el día cuatro de mayo?

b) ¿El número de teléfono es el 0622 873069?

c) ¿Hay un festival calipso el día seis de junio?

d) ¿Hay una fiesta de músicos ambulantes el día cuatro de julio?

e) ¿Hay un concierto de orquesta el día ocho de marzo?

---

2 *Fill in the blanks with the appropriate form of this/that/these/those as indicated in brackets.*

a) . . . . concierto (*this*)

b) . . . . tiendas de campaña (*these*)

c) . . . . señora (*that*)

d) . . . . habitación (*this*)

e) . . . . tazas (*those*)

f) . . . . billete (*that*)

g) . . . . casitas (*these*)

h) . . . . programas (*those*)

EJERCICIOS

1 Use the brochure below to help you answer the tourist's questions.

– Buenos días.

– *(Greet the caller and ask if you can help him.)*

– Sí Señora. ¿Hay un concierto de música de los años sesenta este verano?

– *(Reply appropriately.)*

– ¿A qué hora?

– *(Reply appropriately.)*

– ¿Hay otros conciertos?

– *(Tell him about the 70s music concerts.)*

– ¿Cuánto valen las entradas?

– *(Give the prices of the tickets per night.)*

– ¿Hay una entrada especial para los tres conciertos?

– *(Give the price.)*

– ¿Y los tres conciertos empiezan a la misma hora?

– *(Reply appropriately.)*

– Gracias Señora. Es usted muy amable.

– *(Reply appropriately and say goodbye.)*

The Whitbread Hop Farm and
Memories Music Club proudly present

THE KENT SPECTACULAR

FEATURING

Friday 23 JULY 93 at 8.00pm

Soul Giants of the 70s

SISTER SLEDGE, EDWIN STARR, HEATWAVE

Saturday 24 JULY 93 at 6.30pm

70s GLAM ROCK

SUZI QUATRO, BAY CITY ROLLERS, ALVIN STARDUST, SWEET

Sunday 25 JULY 93 at 6.30pm

THE SIXTIES HOP

GERRY & THE PACEMAKERS, THE SEARCHERS, WAYNE FONTANA & THE MINDBENDERS, THE DREAMERS

INVICTA
103·1 FM 102·8

TICKETS FOR EACH NIGHT
Advance: Adults £8.50, Concessions £6.00 On the day: Adults £9.50, Concessions £7.00
SPECIAL 3 DAY PASS
Advance only: Adults £22.00, Concessions £15.00
Corporate Hospitality Available

The Whitbread Hop Farm

Beltring, Paddock Wood, Kent TN12 6PY
Telephone: 0622 872068 Fax: 0622 872630

SITUACION C: *una turista busca regalos*

VOCABULARIO

mi marido	*my husband*
¡me encanta Inglaterra!	*I love England!*
el jabón	*soap*
miel y galletas . . .	*honey and biscuits*
. . . en el estante	*on the shelf*
tazones y vasos	*mugs and glasses*
una casita de cerámica	*a pottery cottage*
bonito/precioso	*pretty/lovely*
un lápiz	*a pencil*
una goma de borrar	*an eraser*
voy a mirar	*I'm going to look*
un hijo/una hija	*son/daughter*

TURISTA: Buenos días Señor. Busco algunos regalos para mi marido y mis niños. ¡Me encanta Inglaterra! En particular las cosas tradicionales.

EMPLEADO: Tenemos una variedad de regalos – jabones, colonias. También hay mermeladas, miel y galletas allí en el estante.

TURISTA: Muy bien.

EMPLEADO: Hay también tazones y vasos.

TURISTA: ¿Y para los niños?

EMPLEADO: ¿Son pequeños?

TURISTA: La niña tiene seis años y el niño cuatro años.

EMPLEADO: Para la niña hay casitas de cerámica muy bonitas, y para el niño hay pósters, lápices y gomas de borrar.

TURISTA: Bien. Voy a mirar. Entonces, este precioso póster para mi hijo, una pequeña casita para mi hija, y estos tazones ingleses para mi marido.

EMPLEADO: Gracias Señora. Veinticinco libras cuarenta en total.

EXPLICACIONES

Describing things

Look through the dialogue and pick out all the adjectives, e.g., las cosas tradicionales.

All adjectives change their form depending on whether the thing they are describing is masculine, feminine, singular or plural. Here are some basic rules to help you make the necessary changes.

Masc. sing.	**Masc. pl.**	**Fem. sing.**	**Fem. pl.**
fresco	frescos	fresca	frescas
fuerte	fuertes	fuerte	fuertes

Adjectives ending in a consonant have only one singular form.

marrón	**marrones**	**marrón**	**marrones**

An exception to the above rule are nationalities.

español	**españoles**	**española**	**españolas**

You will notice that most adjectives come after the thing they are describing:

tazones ingleses

Some, however, go before the noun. Here are a few examples.

un buen vino   una pequeña casita   un precioso anillo   hace mal tiempo

COMPRENSION

 1 *With the help of your dictionary and the information below, answer* Sí *or* No *to this Spanish tourist's questions.*

THE
WHITBREAD HOP FARM

STEEPED IN TRADITION
Now available — Excellent Caravan and Camping Facilities

Set in the midst of the beautiful Kent countryside, visitors have access to all the Farm's attractions including:
- The Most Magnificent Collection of Victorian Oast Houses in the World
- The Whitbread Shire Horse Centre
- NEW FOR 1992 A FASCINATING EXHIBITION OF THE KENT HOP PICKING STORY
- Birds of Prey (featuring Flying Displays weather permitting) ● Animal Village ● Pottery Workshop
- Nature Trail ● Gift Shop ● Childrens Play Area ● The Roundels Restaurant
- "Hadleighs" Conference and Banqueting Suite ● Special Events

The Caravan site is in a secluded area of the farm, but close enough to enjoy all the facilities.

THE WHITBREAD HOP FARM Open March 1992 onwards
Beltring · Paddock Wood · Kent TN12 6PY
For further details and rates telephone Louise Walker on (0622) 872068

a) ¿Es posible visitar los hornos para secar lúpulo?

b) ¿Hay un restaurante?

c) ¿Hay animales que ver?

d) ¿Hay una piscina?

e) ¿Hay un área de recreo para los niños?

f) ¿Hay un hotel?

---

 2 *Listen to the tape and fill in the grid with the words missing from the phrases you hear. When you have finished, another word will appear in the shaded area.*

a) un . . . . póster

b) la tienda de . . . .

c) hay mermeladas en el . . . .

d) mi . . . .

e) hay miel y . . . .

f) me encanta . . . .

EJERCICIOS

1 Look at the information about the Gift Shop below, and try to match up the Spanish expressions with their English equivalents.

a) pisapapeles   b) velas   c) caramelos

d) bolígrafos   e) bandejas   f) postales

g) maquetas   h) marcadores de libros   i) relojes

GIFTS FOR ALL SEASONS
FROM THE
WHITBREAD HOP FARM GIFT SHOP

Caithness Crystal
Dried & Silk Flowers
by the stem or arranged for you in baskets
Selection of
Greetings Cards
including Ampersand Studio
Large selection of Books
including Childrens

NO ADMISSION FEE REQUIRED TO GIFT SHOP

Country Companions
Woodstock Chimes
Hop Picking Prints,
Postcards & Books
Hop Bines in Season
End Aug-Oct

David Winter range of
Cottages, Books & Clocks
Woods of Windsor
incl. Gentlemens hand carved walking sticks

Jerusalem Candles
Local made Jams, Honey,
Sweets & Biscuits etc.

EXCLUSIVE COLLECTION OF CHRISTMAS GIFTS, CARDS & DECORATIONS ON SALE NOW

SOUVENIR RANGE INCLUDES:
Tea Towels · Mugs
Thimbles · Glass
Tankards · Paper
Weights · Crystal
Pens · Pencils · Trays
Model Shires
Many other items

Limited Edition Prints
by various artists – original watercolours framed & mounted
J. Cash Woven
Pictures, Greetings
Cards & Bookmarks
Manhattan Toys
Sherratt & Simpson
Stockist

FOR CHILDREN
Models · Pens
Erasers · Rulers
Notebooks
Badges
Posters

NEW YEAR'S DAY SALE

2 Now use the information above to help the tourist in the Gift Shop.

– Buenos días Señor. Busco algunos regalos para mi mujer y mis niños.

– *(Say that you have a variety of gifts available: mugs, paperweights, trays. On the shelf there are jams, sweets and biscuits. Ask if the children are young.)*

– Mi hijo tiene diez años, y mi hija trece años.

– *(Say there are models for the boy and lovely bookmarks for the girl.)*

– Voy a mirar. Entonces, un pisapapeles para mi mujer, una maqueta para mi hijo, una casita de cerámica para mi hija y unos caramelos para mí.

– *(Thank him and say that it comes to £19.70 in total.)*

Unidad Diez

EN EL RESTAURANTE

SITUACION A: *el señor Hernández, un hombre de negocios, mira el menú del restaurante donde almuerza*

VOCABULARIO

explicar	*to explain*
una gamba	*a prawn*
una salsa rosa	*a pink sauce*
todos los platos vienen . . .	*all the dishes come . . .*
. . . con guarnición de verduras	*. . . garnished with vegetables*
elegir	*to choose*
las legumbres del día	*the vegetables of the day*
los guisantes	*peas*
las zanahorias	*carrots*
el repollo	*cabbage*

SR. HERNANDEZ: Perdón Señorita, ¿puede explicar una cosa?

CAMARERA: Por supuesto Señor.

SR. HERNANDEZ: ¿Qué es exactamente el *prawn cocktail*?

CAMARERA: Son gambas en una salsa rosa.

SR. HERNANDEZ: ¿Y el *grilled trout*?

CAMARERA: Es una trucha a la plancha.

SR. HERNANDEZ: ¿Y todos los platos vienen con guarnición de verduras?

CAMARERA: Sí Señor. Todos los platos vienen con guarnición de patatas y entonces puede elegir una de las legumbres del día. Hoy hay guisantes, zanahorias o repollo.

SR. HERNANDEZ: ¿Y el *stawberry sorbet*? ¿Qué es *strawberry*?

CAMARERA: Es fresa Señor. Es un sorbete de fresa.

EXPLICACIONES

Elegir *(to choose)*

(yo) elijo	*I choose*	(nosotros) elegimos	*we choose*
(tú) eliges	*you choose*	(vosotros) eligís	*you choose*
(Ud) elige	*you choose*	(Uds) eligen	*you choose*
(él/ella) elige	*he/she chooses*	(ellos/ellas) eligen	*they choose*

Venir *(to come)*

(yo) vengo	*I come*	(nosotros) venimos	*we come*
(tú) vienes	*you come*	(vosotros) venís	*you come*
(Ud) viene	*you come*	(Uds) vienen	*you come*
(él/ella) viene	*he/she comes*	(ellos/ellas) vienen	*they come*

Un sorbete de fresa

When giving a description of the main ingredient of a dish, the Spanish use de *followed by the name of that ingredient.*

un sorbete de fresa   *a strawberry sorbet*

Here are some more common examples:

una tarta de manzana	*an apple tart*
una tarta de melocotón	*a peach tart*
un helado de vainilla	*a vanilla ice-cream*
un sorbete de cereza	*a cherry sorbet*
un sorbete de limón	*a lemon sorbet*
un pastel de chocolate	*a chocolate cake*

When saying that something is in wine or in a sauce, use en.

gambas en una salsa rosa	*prawns in a pink sauce*
pollo en vino tinto	*chicken in red wine*

INFO

- Continental visitors have very preconceived ideas about British cooking. They find it very strange that we eat 'meat with jam' (i.e. pork with apple sauce). They also think that the only dessert we produce is 'pudding', which to them means a stodgy fruit-cake concoction, which bakeries abroad sell as the genuine British article!

COMPRENSION

1 *Using the pictures below to help you, match the English words with their Spanish equivalents.*

a) onions

b) leeks

c) mushrooms

d) cauliflower

e) Brussels sprouts

f) cabbage

i) el repollo

iv) las coles de Bruselas

ii) los puerros

v) la coliflor

iii) las cebollas

vi) los champiñones

Now listen to the tape and practise your pronunciation.

2 *Using your dictionary and the information below, match up the Spanish words or phrases with the English versions listed below.*

a) rice

b) king prawns

c) hamburger bars

d) typical Spanish dishes

e) boiled

f) shellfish

GASTRONOMIA

En este centro turístico, frecuentado por verano antes de muy diversos países, más de cien restaurantes ofrecen platos típicos de España y comidas de otros puntos de Europa. Se pueden encontrar pizzerías, hamburgueserías, comida gallega o marisquerías. Pero lo mejor es probar los platos preparados con los pescados y mariscos del Mar Menor y el Mediterráneo. Del primero son excelentes los langostinos, cocidos o a la plancha, la dorada y el mújol a la sal. También de esta zona es el caldero, un arroz que sólo se elabora en el litoral murciano. Del Mediterráneo hay que probar la lubina al ajo pescador.

EJERCICIOS

 1 Listen to the Spanish explanations of the food on the English menu below. Write the number of the explanation next to the English version.

Spanish

a) orange sorbet

b) lamb in mint sauce   1

c) chocolate ice-cream

d) mushrooms in white wine

e) cherry tart

f) cheesecake

 2 How would you explain the following to a Spanish customer?

a) all our meals are served with vegetables   b) lemon sorbet

c) coffee cake   d) pears in red wine

e) apple tart   f) cheese and biscuits

 3 Use the menu below to answer the customer's queries.

– Perdón Señor, ¿puede explicar una cosa? ¿Qué es exactamente el *prawn cocktail*?

– *(Reply appropriately.)*

– ¿Y el *roast chicken*?

– *(Reply appropriately.)*

– ¿Todos los platos vienen con guarnición de verduras?

– *(Explain that vegetables come with the chicken. Today there are Brussels sprouts, leeks and carrots.)*

– ¿Y con el chile con carne?

– *(Reply appropriately.)*

– ¿Y los helados? ¿Qué sabores hay?

– *(Reply appropriately.)*

MENU

Prawn Cocktail
or
Soup of the Day
* * * *
Roast Chicken
(with vegetables of the day)
or
Chilli con Carne
(with rice)
* * * *
Lemon Sorbet
or
Ice-cream
(strawberry, vanilla or chocolate)

SITUACION B: *el señor y la señora Roca piden una comida en el restaurante*

VOCABULARIO

¿han elegido?	*have you chosen?*
para empezar	*as a starter*
los huevos en mayonesa	*egg mayonnaise*
el plato principal	*the main course*
la chuleta	*the chop*
la carne de cerdo	*pork*
el lenguado	*sole*
las judías verdes	*green beans*
el vino rosado	*rosé wine*

CAMARERO: Señor y Señora, ¿han elegido?

SR. ROCA: Sí. La Señora va a tomar el potaje para empezar. Y para mí, los huevos en mayonesa.

CAMARERO: Muy bien Señor. ¿Y el plato principal?

SRA. ROCA: La chuleta de carne de cerdo.

CAMARERO: Sí, ¿y para el Señor?

SR. ROCA: Voy a tomar el lenguado a la plancha.

CAMARERO: ¿Y de verduras?

SRA. ROCA: Patatas cocidas, guisantes y judías verdes.

CAMARERO: ¿Y para beber?

SR. ROCA: Una botella de vino rosado y una jarra de agua.

CAMARERO: Muy bien Señor.

EXPLICACIONES

Standard restaurant phrases

¿han elegido?	*have you chosen?*
para empezar	*as a starter*
como plato principal	*as a main course*
para beber	*to drink*
de postre	*as a sweet*
¿han terminado?	*have you finished?*
¡que aproveche!	*enjoy your meal!*
¿le ha gustado la comida?	*did you enjoy your meal?*

Talking in the past

To form the past tense, take the present tense of the verb haber *and add the past participle.*

Forming the past participle: the two main endings are –ado *and* –ido. *In general, if the infinitive ends in* –ar *the ending changes to* –ado *(e.g.* termin**ar** – termin**ado**). *If the infinitive ends in* –ir *or* –er, *the ending changes to* –ido *(e.g.* eleg**ir** – eleg**ido**; beb**er** – beb**ido**).*

(yo) he andado	(andar)	(nosotros) hemos pagado	(pagar)
(tú) has visitado	(visitar)	(vosotros) habéis tenido	(tener)
(Ud) ha pasado	(pasar)	(Uds) han saltado	(saltar)
(él/ella) ha dado	(dar)	(ellos/ellas) han bajado	(bajar)

¡Ha bebido demasiado!

INFO

- Continental tourists are used to using the same knife and fork for all their courses, so they may be confused by the amount of cutlery on the table.

COMPRENSION

1 *Change the sentences below from the present to the past.*

e.g. **tomo** el potaje → **he tomado** el potaje

a) Compra el billete de entrada.

b) Reservan una mesa en el restaurante.

c) Llama al restaurante 'El Gordo'.

d) Toma la trucha a la plancha.

e) Elegimos el vino tinto de la Rioja.

2 *Match the pronouns (él etc.) with the corresponding verbs in the past. (There may be more than one solution.)*

yo	a) han comprado	h)	ha llamado
usted	b) hemos pedido	i)	he elegido
ella	c) han bebido	j)	ha entrado
nosotros	d) ha preguntado	k)	han recibido
ellos	e) han tirado	l)	hemos terminado
él	f) he perdido	m)	han pagado
ustedes	g) hemos venido	n)	ha notado

3 *Look at the following menu and try to match up the Spanish dishes with their English translations.*

a) cheese

b) crème caramel

c) baked hake

d) rice pudding

e) roast chicken with mushrooms

f) cold tomato and garlic soup

g) roast sucking pig

h) clear vegetable soup

i) garlic prawns

El Patio Andaluz

Gazpacho
o
Gambas al Ajillo
o
Sopa de Verduras

Merluza Asada
o
Cochinillo
o
Pollo Asado con champiñones

Queso
o
Flan
o
Arroz con leche

EJERCICIOS

 1 Listen to the following people talking and tick off what they ate and drank on the menu.

	Antonio	María	Jorge
Vegetable soup			
Egg mayonnaise			
Florida cocktail			
Roast beef			
Chicken in red wine			
Grilled salmon			
Cheese			
Lemon sorbet			
Chocolate gateau			
Red wine			
White wine			
Mineral water			

 2 Complete the following conversation referring to the above menu.

– *(Ask if they have chosen.)*

– Sí, para la Señora, la sopa de verduras. ¿Qué es exactamente el *Florida Cocktail*?

– *(Say it is pieces of orange and grapefruit* (el pomelo) *).*

– Entonces, tomo los huevos con mayonesa.

– *(Ask about main courses.)*

– La carne asada para la Señora, y el pollo para mí. ¿Y las verduras del día?

– *(Say there are green beans, carrots, and boiled potatoes.)*

– ¡Estupendo!

– *(Ask about drinks.)*

– Una botella de Valdepeñas y una jarra de agua.

– *(Repeat the whole order back to the customer.)*

SITUACION C: *la señora Garrido habla con el jefe de comedor*

VOCABULARIO

hablar	*to speak*
el jefe de comedor	*headwaiter*
lleno de gente	*full of people*
un bistec	*a steak*
poco asado	*medium-rare*
traer	*to bring*
bien asado	*well-done*
la cuenta	*the bill (in a restaurant)*
demás	*too many*
el patrón . . .	*the restaurant owner . . .*
. . . le ofrece	*. . . offers you*
una mejor calidad	*a better quality*

JEFE: ¿Hay un problema Señora?

SRA. GARRIDO: Sí. Cuando he llegado, he esperado veinte minutos para una mesa.

JEFE: Lo siento Señora, pero el restaurante está lleno de gente hoy.

SRA. GARRIDO: De acuerdo, pero he pedido un bistec poco asado, y la camarera ha traído un bistec bien asado.

JEFE: Discúlpenos Señora.

SRA. GARRIDO: No es todo. Ha traído patatas fritas, y yo he pedido patatas cocidas. Y no ha traído las zanahorias.

JEFE: Voy a hablar con la camarera inmediatamente.

SRA. GARRIDO: Y en la cuenta, hay una botella de vino de más.

JEFE: Lo siento muchísimo Señora. El patrón le ofrece un descuento de veinte por ciento.

SRA. GARRIDO: Muy bien, pero espero una mejor calidad de servicio la próxima vez.

EXPLICACIONES

Useful expressions to describe meat dishes

bien asado	*well-done*	poco asado	*medium-rare*
frito	*fried*	asado	*roast, baked*

Irregular past participles

Although the majority of verbs form their past participle using the pattern shown in the previous situation, some are irregular and have to be learnt individually.

ir → ido   decir → dicho
poner → puesto   abrir → abierto
ser → sido   hacer → hecho
volver → vuelto   ver → visto
escribir → escrito

Past negative

To form the negative, simply put no *in front of the* haber *part of the past tense.*

he entrado → **no** he entrado
han pedido → **no** han pedido

COMPRENSION

1 *Complete the sentences below with the past tense of the verb in brackets.*

e.g. (yo) *he pedido* el gazpacho (pedir)

a) (él) . . . . con el camarero (hablar)

b) (nosotros) . . . . una botella de vino tinto (beber)

c) (yo) . . . . la puerta (abrir)

d) (Ud) . . . . en el bar (entrar)

e) (ellos) . . . . al mediodía (volver)

f) (Uds) . . . . un descuento de 10 por ciento (ofrecer)

---

2 Sopa de letras: *find as many words to do with restaurants and food as you can.*

```
Q U R C E N A Z A I Ñ R
U T H U E V O S R S P E
E R H E L A D O R A H B
S U L N R C E P O L L O
O C U T V A M A Z M V L
N H P A S T E L T O I L
M A Y O N E S A U N N O
A S A D O G A M B A O B
```

---

3 *Make the following past sentences negative.*

a) Han terminado la cena.

b) He llamado al restaurante.

c) Hemos pagado con la tarjeta de crédito.

d) Ha reservado una mesa.

e) Han elegido el potaje.

f) He pedido la cuenta.

EJERCICIOS

1 Use the prompts below to complete the conversation.

– *(Ask if anything is wrong.)*

– Sí. Hay algunos errores en la cuenta. He pedido el *Prawn Cocktail* y aquí hay el *Florida Cocktail.*

– *(Apologise.)*

– Además he pedido un bistec bien asado y el camarero ha traído un bistec poco asado.

– *(Apologise profusely.)*

– Entonces, ¿qué va a hacer?

– *(Say you will speak to the chef* (el cocinero) *at once and offer a 15% discount.)*

– De acuerdo, pero espero un mejor servicio la próxima vez.

Listen to the tape and practise your pronunciation.

2 Listen to the tape and compare what is said with the bill. The customer has been overcharged by two items. What are they?

Foresters Arms Hotel

	ACC.NO.	COVERS	SERVER
BILL #		4	6
05663	26		

2 SOUP	@ 1.30	2.60
1 PATE	@ 1.45	1.45
1 CHICKEN	@ 6.30	6.30
1 TROUT	@ 7.10	7.10
1 CHEESE	@ 1.40	1.40
1 SWEET	@ 1.95	1.95
2 COFFEE	@ 0.60	1.20
1 GLASS WINE	@ 1.60	1.60
2 M/WATER	@ 0.90	1.80
	SUB TOTAL	£25.40

30 MAY 93-#001-1221-0000-014:34-R

3 How would you express the cost of the following in Spanish?

a) The cost of the meal above.

b) The cost of the amended bill.

Unidad Once

EN EL CENTRO CULTURAL

SITUACION A: *la familia Sánchez hace una visita
al centro cultural*

VOCABULARIO	
algo	*something*
una sala	*exhibition room*
la vida	*life*
a lo largo de . . .	*throughout . . .*
. . . varios siglos	*. . . several centuries*
trajes de la época	*clothes of the period*
cotidiano	*everyday*
dejar	*to leave*
pasar	*to spend (time)*
tanto tiempo	*so much time*
un juego	*a game*

SR. SANCHEZ: Perdón Señorita. ¿Puede explicar algo sobre el centro?

EMPLEADA: Por supuesto Señor. En cada sala hay una exposición sobre la vida en Gran Bretaña a lo largo de varios siglos, desde el siglo dieciséis hasta el siglo veinte. Hay trajes de la época y exposiciones sobre la vida cotidiana de cada siglo.

SR. SANCHEZ: Muy interesante. ¿Cuánto tiempo hay que dejar para cada sala?

EMPLEADA: Alrededor de media hora cada sala, pero no están obligados pasar tanto tiempo.

SR. SANCHEZ: ¿Y es interesante para los niños?

EMPLEADA: Sí. Hemos preparado algunos juegos y un cuestionario sobre cada sala para los jóvenes visitantes.

SR. SANCHEZ: Pero los niños no van a entender. Solamente hablan español.

EMPLEADA: Todos los folletos están escritos en español Señor. Puede comprar las guías y los cuestionarios en la entrada.

EXPLICACIONES

Alrededor de

Alrededor de *can be used before expressions of time, distance and quantity and means 'about', or 'approximately'.*

alrededor de una media hora
alrededor de tres kilómetros
alrededor de quince personas

More expressions of time

tanto tiempo	*so much time/so long*
mucho tiempo	*a long time*

¡Él ha estado mucho tiempo en los servicios!

Solamente/sólo

Both of the above words mean 'only': solamente *is used with a verb, and* sólo *is used with a noun.*

solamente hablan español	*they speak **only** Spanish*
Pedro **sólo** habla inglés	***only** Pedro speaks English*

It is common, however, for Spanish speakers to use either word in both cases.

Some confusing words

Some words in Spanish have two meanings, which may be confusing.

pasar	*to pass, to spend time*
esperar	*to wait, to hope*

You may also have noticed that some words are sometimes written with an accent and sometimes without.

cuándo/cuando	*when*	dónde/donde	*where*
cuánto/cuanto	*how much/many*	cómo/como	*how*

When these words are written with an accent, these words are question words, although both forms have the same meaning in English.

¿Cuándo llega el bus?
Voy a llamar a Ana **cuando** llego a casa.

Exceptions to this rule are the words solo *and* sólo, *which mean different things depending on whether or not the accent is present.*

solo	*alone*	sólo	*only*

COMPRENSION

1 *Look at the information about Milford Haven Museum below and match up the English attractions with their Spanish equivalents.*

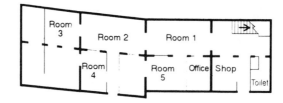

Room 1	_____	*Milford's Founders*
Room 2	_____	*Fishing and Trades*
Room 3	_____	*The Market*
Room 4	_____	*The Trawling Age*
Room 5	_____	*Milford at War*
Room 6	_____	*The Whaling Age*
Room 7	_____	*The Oil Age*
Room 8	_____	*Social History*

a) la época de pesca con jábega   e) los fundadores de Milford
b) la época de petróleo   f) la historia social
c) pesca y comercio   g) la época de pesca de ballenas
d) Milford de guerra   h) el mercado

---

2 *Fill in the blanks below with the correct form of the word in brackets.*

a) ¿. . . . . está la entrada? (dónde/donde)

b) Ha dicho . . . . valen los billetes. (cuánto/cuanto)

c) ¿. . . . . empieza la visita con guía? (cuándo/cuando)

d) Es la puerta . . . . he entrado. (dónde/donde)

e) ¿. . . . . llegar al centro cultural por favor? (cómo/como)

f) ¿. . . . . vale la guía del centro? (cuánto/cuanto)

---

3 *Translate the English words below to complete the grid. When you have finished, another word will appear in the shaded area.*

a) to explain
b) exhibition room
c) centre
d) century
e) clothes
f) life
g) games
h) entrance
i) to spend (time)
j) door
k) interesting
l) only

EJERCICIOS

1 Use the prompts to complete the conversation.

– ¿Puede explicar algo sobre el centro?

– *(Of course. There are six rooms.)*

– ¿Qué hay en cada sala?

– *(In each room there are cars of the twentieth century.)*

– Muy bien. ¿Cuánto tiempo hay que dejar para cada sala?

– *(About 25 minutes per room.)*

– ¿Y es interesante para los niños?

– *(Yes. There is a questionnaire for young visitors.)*

– ¿Y es en español?

– *(Yes, you can buy the questionnaire at the entrance. It costs £1.50.)*

2 Using the map below, put the Spanish translations into the correct order as indicated by the suggested route.

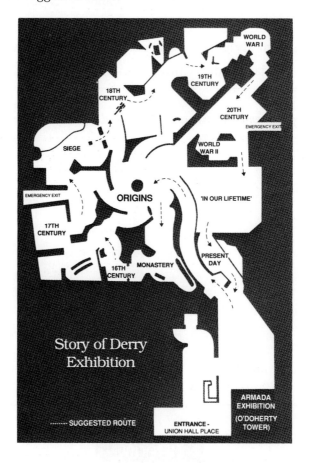

a) el siglo diecinueve	h) el siglo diecisiete
b) la Segunda Guerra Mundial	i) monasterio
c) el siglo dieciséis	j) el sitio
d) nuestros días	k) la Primera Guerra Mundial
e) exposición de la Armada	l) entrada
f) el siglo veinte	m) el siglo dieciocho
g) la actualidad	n) los orígenes

SITUACION B: *la empleada habla de las visitas con guía con el señor y la señora Lorca*

VOCABULARIO

una visita con guía	*a guided tour*
hacer una gira	*to go on tour*
ver	*to see*
los salones privados	*the private rooms*
alquilar	*to hire*
una grabación	*a recording*
los auriculares	*headphones*
extranjero	*foreign*
a menudo	*often*

EMPLEADA: Hay visitas con guía del museo disponibles.

SR. LORCA: ¿Y cuánto tiempo duran?

EMPLEADA: Hay dos visitas con guía. La primera dura una hora y la segunda dura dos horas.

SRA. LORCA: ¿Y qué es la diferencia entre las dos?

EMPLEADA: Durante la primera visita, hay una gira de todas las salas del museo. Durante la segunda puede ver los jardines y los salones privados.

SR. LORCA: ¿Las guías hablan español?

EMPLEADA: No, pero puede alquilar una grabación y auriculares. Tiene un comentario en español. Los visitantes extranjeros alquilan estas grabaciones a menudo.

SR. LORCA: ¿Dónde podemos alquilar los auriculares?

EMPLEADA: Allí, cerca de la entrada. Vale una libra cada persona.

SRA. LORCA: Gracias Señora.

EXPLICACIONES

Ver *(to see)*

(yo) veo	*I see*	(nosotros) vemos	*we see*
(tú) ves	*you see*	(vosotros) veis	*you see*
(Ud) ve	*you see*	(Uds) ven	*you see*
(él/ella) ve	*he/she sees*	(ellos/ellas) ven	*they see*

A menudo

A menudo *is a phrase used to express frequency. Other examples are as follows:*

de vez en cuando	*from time to time*
a veces	*sometimes*
nunca*	*never*
siempre	*always*
una vez al día	*once a day*
dos veces al mes	*twice a month*

* nunca *replaces* no *in a negative sentence to mean 'never'.*

no voy al cine	*I do **not** go to the cinema*
nunca voy al cine	*I **never** go to the cinema*

¿Ve la televisión a menudo?

¡No, solamente de vez en cuando!

INFO

- Don't confuse *sala* (a large room) with *salón* (a living-room) and *habitación* (a bedroom).

COMPRENSION

1 *Look at the information about the Old Bushmills Distillery, and then answer the questions below in English.*

El Centro de Visitantes - una tradición nueva

El Centro de Visitantes de "Old Bushmills" se compone del **Potstill Bar** (Bar del Alambique) y de las dos tiendas de la Destilería.

El **Potstill Bar** fue en tiempos pasados los hornos que usaban turba y coque como combustible para secar la malta. Ahora es un vínculo entre lo antiguo y lo moderno. No sólo es un bar único sino también museo, centro turístico y recordatorio de la larga historia de "Old Bushmills" desde que a Sir Thomas Phillips se le concediera la Licencia para Destilar en 1608.

Los antiguos hornos se usan hoy en día para exhibir varios artefactos de días pasados de la Destilería. Las paredes son testigo silencioso de los muchos miles de visitantes que vienen a la Destilería cada año-los visitantes pueden dejar su huella señalando su ciudad natal en el mapa mundi o quizás dejando una placa de la organización a la que representan o una bandera de su país.

Mientras disfrutan una muestra de whiskey después de su visita a la Destilería, los visitantes pueden examinar los muchos objetos de interés expuestos en las paredes.

También pueden visitar la tienda de recuerdos (**Souvenir Shop**) donde se venden numerosos artículos varios marcados con el distintivo de "Old Bushmills" y la **Spirit Safe** (Cámara de Alcohol), donde se venden "Black Bush" y "Bushmills Malt" en un surtido de presentaciones de regalo exclusivas de la destilería "Old Bushmills".

El **Potstill Bar** tiene personalidad propia y ha merecido numerosos premios al mérito turístico. Le fue concedido el *British Airways Tourism Endeavour Award* por "proporcionar un centro de acogida de primera clase y una hospitalidad magnífica"- un tributo digno de la "historia de Bushmills".

Se pueden hacer visitas organizadas la mayor parte del año. Para detalles precisos, llame a la Sección de Visitas (Tour Department).

a) What does the Visitors' Centre consist of?

b) What two other functions does the Potstill have, apart from being a bar?

c) How can visitors leave their mark?

d) When can visitors sample Old Bushmills whisky?

e) When are guided tours available?

f) Where should you telephone for further information?

2 *Look at the information below and answer the following questions. Listen to the tape and check your pronunciation.*

a) ¿Cuándo está abierto el museo?

b) ¿Qué días cierra el museo?

c) ¿Cuánto valen las entradas normales?

d) ¿A qué hora es la última entrada?

e) ¿Qué es la tarifa de grupo?

Cefn Coed Colliery Museum

The following information applies for the 1993 season and is subject to change in subsequent years.

OPENING TIMES
Open : April-September daily 10.30 am - 6.00 pm.
Other periods daily 10.30 am - 4.00 pm.
(Closed 25th. December, 1st. January)
Last admission 45 minutes before closing time.

ADMISSION CHARGES
Normal Rates
Adults £1.25, Children and OAP's 80p.
Children under 5 and registered disabled - FREE.

Party Rates
The following applies to pre-booked parties of 10 or more persons.
Adults 80p; Children and OAP's 60p.
West Glamorgan County Council school parties 40p.
Children under 5 and registered disabled - FREE.

EJERCICIOS

1 Listen to Juan talking and mark, in the appropriate column, how often he does the following activities.

	Never	Often	Sometimes	Always
a) visit museums				
b) hire headphones				
c) go to Theme Parks				
d) go to the cinema				

2 Use the information below to help you answer the customer's questions.

Tyrone Crystal

TOURS

Tours are free of charge and a specially appointed tour guide accompanies every group no matter how big or small. It is not essential to book but a quick phone call will ensure that your tour will be given priority. The 'Tyrone Crystal Experience' lasts 45 minutes and is available Monday to Thursday 9.30am-3.30pm, Friday 9.30am-12pm, and Saturday 9.30am-3pm.

GROUPS

Up to 50 people can be comfortably accommodated at any one time and there is ample parking space for cars or coaches. For parties of 10 or more simply phone (08687) 25335 to let us know when you are arriving and if you have any special requirements.

– ¿Hay visitas con guía?

– ¿Hay que reservar una visita con guía?

– ¿Cuánto vale la visita?

– ¿Cuánto tiempo dura la visita?

– ¿Cuándo hay visitas con guía?

– ¿Puede visitar un grupo de cien personas a la vez?

SITUACION C: *la señora Hidalgo ha perdido su bolso. Va a la oficina de información*

VOCABULARIO

un bolso	*a handbag*
necesitar	*to need*
estar seguro	*to be sure*
quizás	*perhaps*
¿cómo es su bolso?	*what is your handbag like?*
de cuero negro	*(made of) black leather*
una cartera	*a wallet*
lo peor de todo	*worst of all*
en todas partes	*everywhere*
alguien	*someone*
encontrar	*to find*

Sra. Hidalgo: Perdón Señor. Necesito su ayuda. He perdido mi bolso.

Empleado: Sí Señora. ¿Dónde ha perdido el bolso exactamente?

Sra. Hidalgo: No estoy segura. Quizás en la tienda de regalos.

Empleado: ¿Cómo es su bolso?

Sra. Hidalgo: Es de cuero negro.

Empleado: ¿Hay muchas cosas en el bolso?

Sra. Hidalgo: Sí. Hay mi cartera, las llaves del coche, las tarjetas de crédito y lo peor de todo, mi pasaporte.

Empleado: ¿Ha mirado en todas partes?

Sra. Hidalgo: Claro que sí, ¡pero no he encontrado nada!

Empleado: Espere un momento por favor. Voy a hacer un aviso público. Si alguien ha encontrado su bolso, va a venir aquí.

Sra. Hidalgo: Muchas gracias Señor.

EXPLICACIONES

No . . . nada

No . . . nada *is used to mean 'nothing'. Simply put* **nada** *after the verb in a negative sentence.*

> **no** he encontrado mi bolso
> **no** he encontrado **nada**

Un bolso de cuero negro

In Spanish it is common to use de *when describing what something is made of.*

el abrigo **de** lana	*the woollen coat*
el bolso **de** cuero	*the leather handbag*

If you want to describe the colour of the material, simply add the required information.

el abrigo de mezclilla **verde**	*the green tweed coat*
la cartera de ante **negro**	*the black suede wallet*

Here are some more examples:

de plástico	*(made of) plastic*
de cachemira	*(made of) cashmere*
de cocodrilo	*(made of) crocodile skin*
de seda	*(made of) silk*
de plata	*(made of) silver*
de oro	*(made of) gold*

¡El bolso es de cocodrilo!

COMPRENSION

1 *What's it made of? Follow the lines from each object to find its corresponding balloon, then unscramble the letters to find out what each is made of.*

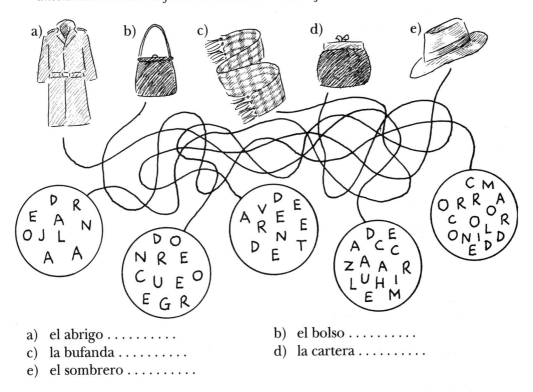

a) el abrigo . . . .
c) la bufanda . . . .
e) el sombrero . . . .

b) el bolso . . . .
d) la cartera . . . .

---

2 *Match up the sentences on the left with those on the right.*

i) El bolso está vacío.
ii) Tiene sed.
iii) Han encontrado mi bolso.
iv) Tiene hambre.
v) La entrada es gratis.

a) No he perdido nada.
b) No ha comido nada.
c) No hay nada.
d) No ha pagado nada.
e) No ha bebido nada.

---

3 *Look at the following list of souvenirs. What is on sale?*

a) marcadores de libro de cuero

b) llaveros de plata

c) carteras de ante

d) pañuelos de seda

e) pendientes de oro

EJERCICIOS

1 Listen to the following people talking about what they have lost or found. Write down the answers in the appropriate column.

	Ana	Pedro	Cristina	Javier
lost:				
found:				

2 Use the prompts below to complete the conversation.

– Perdón. Necesito su ayuda. He perdido mi cartera.

– *(Ask where the wallet was lost exactly.)*

– No estoy seguro. Quizás en el restaurante.

– *(Ask what the wallet is like.)*

– Es de cuero gris.

– *(Ask if there are a lot of things in the wallet.)*

– Sí, hay dinero, tarjetas de crédito y mi permiso de conducir.

– *(Ask if the customer has looked in the exhibition rooms.)*

– Sí, pero no he encontrado nada.

– *(Say you will make a public announcement. If someone has found the wallet, will he come to the Information Office.)*

Now listen to the tape and practise your pronunciation.

3 Listen to the sentences on the tape and compare them with the translations below. Mark them with a tick or a cross.

  a) I have found your silver lighter.

  b) We have lost a keyring.

  c) Pilar found nothing in the cafeteria.

  d) You must look in the first exhibition room.

Now listen again and write down the correct translations of the sentences you marked with a cross, then practise your pronunciation.

Unidad Doce

EL VIAJE DE NEGOCIOS

SITUACION A: *la señora Banderas cambia su reservación*

RECEPCION: Royal Arcade Hotel . . .

SRA. BANDERAS: Quiero cambiar la reservación de una conferencia por favor.

RECEPCION: Un momento por favor, no cuelgue. Le pongo con el servicio de reservaciones.

EMPLEADO: Servicio de reservaciones. ¿Puedo ayudarle?

SRA. BANDERAS: Soy Señora Banderas de Trans-Iber. Lo siento, pero tenemos que cambiar nuestra reservación.

EMPLEADO: ¿Quiere cancelar?

SRA. BANDERAS: No, tenemos que cambiar las fechas.

EMPLEADO: Entonces, ¿qué fechas quiere ahora?

SRA. BANDERAS: ¿Es posible la semana anterior, desde el día 11 hasta el día 13 de abril?

EMPLEADO: Espere un momento por favor . . . es muy difícil; es la semana de la Feria Comercial. El hotel está completo durante esos días.

SRA. BANDERAS: ¿Y la semana siguiente entonces, desde el día 18?

EMPLEADO: Resulta más fácil. ¿Es todavía para treinta personas?

SRA. BANDERAS: No, hay tres personas más.

EMPLEADO: Muy bien. Está notado. No hay problema porque la sala de conferencias mide 9 metros por 10 metros y es para cincuenta personas. ¿Puede confirmar las fechas y el número de participantes por escrito por favor?

SRA. BANDERAS: Sí. Le envío un fax inmediatamente.

EXPLICACIONES

Enviar *(to send)*

(yo) envío	*I send*	(nosotros) enviamos	*we send*
(tú) envías	*you send*	(vosotros) enviáis	*you send*
(Ud) envía	*you send*	(Uds) envían	*you send*
(él/ella) envía	*he/she sends*	(ellos/ellas) envían	*they send*

Here are some examples of what you can send:

una carta	*a letter*	un fax	*a fax*
una postal	*a postcard*	una factura	*a bill*

Measurements

Use the word medir *in the* él/ella *form:* mide.

¿Las dimensiones de la sala?   La sala mide cinco metros ochenta por ocho metros.
(The room is 5.8 m by 8 m.)

El coche mide 4 metros de largo, 3 metros de ancho y 1 metro 40 de alto.
(The car is 4 metres long, 3 metres wide and 1 metre 40 high.)

Metric measurements normally used to describe objects or premises are metros *and* centímetros.

Mide 1.2 m por 80 cm por 60 cm... ¡pero pesa una tonelada!

80cm

1.2 m

60cm

COMPRENSION

 1 *Look at the information below and find the Spanish expressions for the following English words or phrases. Listen to the tape and check your pronunciation.*

Hotel de los Reyes

Dispone de siete salas de diferentes dimensiones, dotadas con sistemas audiovisuales (retroproyección, TV, video, proyección), teléfono directo y codificado, telefax, etc., que le permitirán realizar conferencias, convenciones y reuniones de trabajo paralelas a los congresos. Se facilitan, previo encargo, servicios de traducción simultánea, intérpretes y azafatas.

- Capacidad total por habitaciones: 318 plazas

- 7 salas con capacidad de 20 a 300 personas

- Restaurante

- Aparcamiento (62 plazas)

- Distancia al aeropuerto: 15 minutos aprox.; al ferrocarril: 150 m. y a la parada de taxi más cercama: 50 m

---

a) overhead projection facilities

b) direct telephone lines

c) simultaneous translation service

d) with advanced booking

e) hostess service

---

2 *Are the following sentences true or false?*

a) En el Hotel de los Reyes, hay seis salas de conferencias.

b) Hay un restaurante en el hotel.

c) Puede reservar un servicio de intérprete.

d) El hotel está lejos de la estación.

e) Todas las salas de conferencias tienen la misma capacidad.

EJERCICIOS

1 Listen to the list of requests of this business executive, and tick the ones mentioned below.

a) a buffet for 25　　　　　　　b) hostess service
c) a room 7 m by 6 m　　　　　 d) a projection room
e) photocopying service　　　　 f) fax service
g) a room for 50 people　　　　 h) audiovisual facilities

Now listen again, and make any changes necessary to the sentences above.

2 Using the information below, answer the business executive's queries.

– ¿Cuántas salas hay?

– ¿Qué es la capacidad de
cada sala?

– El mobiliario, ¿es fijo?

– ¿Qué son las dimensiones
de cada sala?

– ¿Qué servicios hay en las salas?

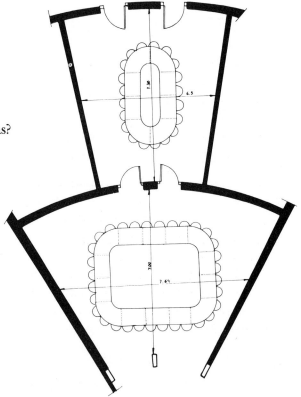

SALA NAVARRA

Palacio de Congresos EUROPA. Avda. Gasteiz s/n. 01009 Vitoria-Gasteiz

- Compuesta por sala y antesala
- Capacidad: 60 y 20 personas
- Mobiliario modular adaptable a distintas distribuciones
- Megafonía

Información y reservas:
Servicio de Congresos y Turismo. Palacio de Congresos Europa.
Ayuntamiento de Vitoria-Gasteiz. Tel: (945) 161261-79. Fax: (945) 228009

SITUACION B: *la señora Gallo hace una reservación para una conferencia de una jornada*

VOCABULARIO

una sala de reunión	*a meeting room*
mobiliario adaptable	*free-standing furniture*
la voy a buscar	*I'm going to look for it*
resérvelos	*reserve them*
no dude en llamar	*don't hesitate to call*
un encargado	*person in charge*
hasta el lunes que viene	*until next Monday*

(Por teléfono, el servicio de reservaciones.)

EMPLEADO: . . . ¿Y es para cuántas personas?

SRA. GALLO: Para sesenta personas.

EMPLEADO: ¿Quiere una sala de conferencias o de reunión?

SRA. GALLO: ¿Qué son las dimensiones de la sala de conferencias?

EMPLEADO: Ocho metros cincuenta por nueve metros cuarenta. La capacidad para setenta y cinco personas.

SRA. GALLO: De acuerdo. Resérvela. ¿Y qué servicios hay?

EMPLEADO: Hay mobiliario adaptable, microfonía y equipos audiovisuales.

SRA. GALLO: ¿Puedo reservar un servicio de retroproyección y de fotocopias también?

EMPLEADO: Sí, pero hay que pagar un suplemento.

SRA. GALLO: ¿Qué es la tarifa?

EMPLEADO: Un momento . . . la voy a buscar. Entonces vale cuarenta libras al día.

SRA. GALLO: Muy bien. Entonces resérvelos.

EMPLEADO: Hay también un servicio de fax si lo necesita.

SRA. GALLO: Sí, quizás lo vamos a utilizar.

EMPLEADO: No dude en llamar John Watkins, nuestro encargado de conferencias si hay algún problema.

SRA. GALLO: Bien. Muchas gracias. Hasta el lunes que viene.

EXPLICACIONES

How to avoid repeating a word already mentioned.

Study the examples below:

la voy a busacar	(la tarifa)
resérvelos	(los servicios de retroproyección y de fotocopias)
si lo necesita	(el servicio de fax)
lo vamos a utilizar	(el servicio de fax)

You will have noticed that you simply keep the article (la/los/las) corresponding to the word you don't want to repeat. Notice that él *is replaced by* lo.

lo veo	no lo veo	¡No lo toque!	¡Lo voy a buscar!

However when the sentence is an order, the lo/la *etc. is placed after the verb.*

¡Resérve**lo**!

How to say last/next Monday

| el lunes que viene | *next Monday* |
| el lunes pasado | *last Monday* |

INFO

- Avoid using imperial measurements (inches and feet etc.) to continental visitors as they may not be familiar with them.

COMPRENSION

Regency Hotel

SERVICIO DE CONGRESOS Y NEGOCIOS
Horario: lunes-viernes 08.00-17.00
TARIFA DE SERVICIOS (I.V.A. INCLUIDO)

			£12.00 la hora
Dictado/Mecanografía:			£2.50
Fax: Envío:	Gran Bretaña	primera hoja	£0.75
		hojas siguientes	£3.50
	Extranjero	primera hoja	£1.30
		hojas siguientes	Gratis
Recepción:			£28.00
Teléfono portátil:	alquiler al día		£0.20
Fotocopias:	Papel A4/la hoja		£0.25
	Papel A3/la hoja		£30.00
	Ordenación de hojas		
Servicio paquete-regalo:			a pedido

Study the information above and then answer the questions.

a) Can you send faxes abroad?

b) What are the photocopying charges?

c) What can you hire per day?

d) Do they do text-processing?

e) Is the Business Service available at all times?

f) Are the prices all-inclusive?

g) What is the charge for receiving fax messages?

EJERCICIOS

 1 Alter the following sentences by removing the nouns and replacing them with the relevant pronoun (*lo/la/los/las*).

    a) Ana tiene la llave.   Ana **la** tiene.

    b) Recibo el fax.

    c) Pagamos la cuenta.

    d) Emilio espera los participantes.

    e) Voy a enviar las cartas.

    f) Juan va a reservar el servicio de fotocopias.

 2 Use the information below to answer the client's questions.

– ¿Qué tipo de reuniones hay?

– ¿Qué tipo de habitación tienen los participantes?

– ¿Qué comidas están incluidas en el precio?

– ¿Qué facilidades del hotel son disponibles para los participantes después de una conferencia?

– ¿Qué refrescos hay en la sala de conferencias?

– ¿Qué tipos de pizarras hay en la sala?

24 HOUR CONFERENCE PACKAGE

The following facilities are included in the cost of a 24 Hour Conference Package at any Country Club Hotel.

• First Class accommodation with private bathroom.

• Dinner with coffee plus full English breakfast.

• Conference room hire and assistance from conference executive.

• Morning coffee, lunch with a selection of menus followed by afternoon tea and biscuits.

• Fruit cordials in the conference room.

• Hospitality Bar (drinks charged as taken), bowls of sweets and mints, special conference note pads and pencils.

• Delegates place cards, flip charts and display boards.

• Country Club Membership with free use of swimming pool and sauna plus access to the Country Club.

• Certain A/V equipment.

DAY MEETINGS
(Minimum 10 Delegates)

The day meeting rate includes all the facilities shown for the 24 hour conference package but excludes dinner, accommodation and breakfast.

BREAKFAST MEETINGS

All our hotels are conveniently located next to motorway junctions. Take an early morning dip or workout in the fitness studio and start your busy day with a breakfast meeting at a Country Club Hotel.

SITUACION C: *la señora Castro paga la cuenta y deja el hotel*

VOCABULARIO

estar listo	*to be ready*
pienso que . . .	*I think that . . .*
vamos a ver	*let's take a look*
las consumiciones	*drinks*
los aperitivos	*pre-dinner drinks*
tenemos anotado . . .	*we have a record of . . .*
. . . una llamada a España	*. . . a call to Spain*
de una duración de . . .	*lasting . . .*
es verdad	*that's true*
lo he olvidado	*I forgot about it*

RECEPCIONISTA: Buenos días Señora. ¿Puedo ayudarle?

SRA. CASTRO: Habitación número 26, Señora Castro, ¿mi cuenta está lista?

RECEPCIONISTA: Sí, está lista Señora.

SRA. CASTRO: Pienso que hay un error. ¿Está segura que ésta es mi cuenta?

RECEPCIONISTA: Habitación número 26, sí, eso es. ¿Dónde está el error? Vamos a ver.

SRA. CASTRO: Hay treinta libras de más en la cena del lunes, y quince libras para el teléfono . . .

RECEPCIONISTA: Las treinta libras son por las consumiciones, ¿ha pedido vino y aperitivos?

SRA. CASTRO: Sí, tiene usted razón.

RECEPCIONISTA: Y el teléfono, tenemos anotada una llamada a España de una duración de quince minutos.

SRA. CASTRO: Ay sí, es verdad, lo he olvidado. He llamado a mi marido. Lo siento muchísimo . . .

RECEPCIONISTA: No importa Señora. ¡Esto occurre! Entonces, ¡buen viaje! Gracias por su visita.

Pensar *(to think)*

(yo) pienso	*I think*	(nosotros) pensamos	*we think*
(tú) piensas	*you think*	(vosotros) pensáis	*you think*
(Ud) piensa	*you think*	(Uds) piensan	*you think*
(él/ella) piensa	*he/she thinks*	(ellos/ellas) piensan	*they think*

Good wishes

Here are some examples of good wishes for different occasions:

¡Que aproveche!
Enjoy your meal!

¡Buen viaje!
Have a good journey!

¡Páselo bien!
Have a nice day!

¡Salud!
Cheers!

¡Enhorabuena!
Congratulations!

¡Encantado/a!
Pleased to meet you!

INFO

- When talking about the bill at a hotel or restaurant use *la cuenta*; for other types of bill, use *la factura*.

COMPRENSION

1 *Read the information below about payment at the hotel and answer the questions below.*

HOTEL ALHAMBRA

RESERVACION GARANTIZADA

Se puede garantizar una reservación a cualquiera hora

Formas de pagar

por talón enviado al hotel o por teléfono, facilitando su número de tarjeta

* Cada reservación garantizada no cancelada antes de las 19 horas, se clasifica como una venta, y la primera noche se factura a la cuenta del cliente

---

a) When is the reservation service available?

b) What forms of payment does the hotel accept for a guaranteed advance booking?

c) Up until what time can such a booking be cancelled?

d) What happens if the cancellation occurs after this time?

---

2 Sopa de letras: *find as many words to do with conference facilities as you can.*

A	R	M	O	B	I	L	A	R	I	O	P
I	X	I	Q	P	E	M	Z	C	L	T	R
L	R	C	S	B	N	C	A	R	T	A	O
F	E	R	I	A	C	H	F	Z	E	B	Y
E	U	O	O	V	A	M	A	T	L	L	E
C	N	F	A	X	R	E	T	A	E	E	C
H	I	O	G	I	G	T	A	R	F	R	C
A	O	N	L	D	A	R	L	I	O	O	I
E	N	I	R	P	D	O	S	F	N	U	O
Z	S	A	L	A	O	Ñ	Q	A	O	J	N

EJERCICIOS

1 Listen to the tape and list the various complaints and compliments made by the two customers.

Reclamaciones *Alabanzas*

2 Respond with an appropriate phrase to the following situations.

    a) Clients eating in the restaurant

    b) Client leaving

    c) Couple celebrating their anniversary

    d) Client complaining

    e) Client complaining about the bill

    f) Client retiring to bed

3 Play the part of the hotel receptionist in this conversation.

– *(Tell the client his bill is ready.)*

– Gracias. Aquí tiene mi tarjeta de crédito.

– *(Thank him and ask if the conference went well.)*

– Muy interesante gracias, y el hotel es muy cómodo.

– *(Ask if they will be coming back next year.)*

– Espero que sí. El ambiente es perfecto y el servicio es excelente.

– *(Thank him again and wish him a good journey.)*

– Gracias. ¡Adiós Señorita!

Now listen to the tape and practise your pronunciation.

ASSIGNMENT I

(This assignment can be attempted after studying Unit 3. Dictionaries may be used.)

You work at a Tourist Information Office. You are often approached by Spanish tourists who require information about hotels, restaurants and places of interest.

Task One *(Listening and writing)*

Listen carefully to the following answerphone message from a Spanish tourist and fill in the information below. You can listen to the message as many times as you wish.

Name (Mr/Mrs/Miss): . . . .
Number of double rooms: . . . .
Number of single rooms: . . . .
Number of rooms with shower: . . . .
Number of rooms with bathroom: . . . .
Telephone number: . . . .

Task Two *(Reading and explaining an English text in Spanish)*

You have looked through the various hotels to find something suitable; but many of the hotels are fully booked. Working in pairs, simulate a telephone call to the Spanish tourist to recommend the hotel below, and answer any questions he may have. Before you make your phone call, look up any words you do not know in your dictionary.

THE GOWER HOTEL

The Gower Hotel

MILFORD TERRACE, SAUNDERSFOOT SA69 9EL
☎ 0834 813452 or 812752

The Hotel is situated in the centre of Saundersfoot, 150 yards from beach, harbour, shops. Ample car parking front and rear. We have single, twin, double and family rooms most with private bathrooms and T.V. Kitchen specialises in good home cooking. Comfortable well stocked bar. Our motor cruiser available for trips or water skiing. Midweek or weekend breaks available.

B&B PER NIGHT		D, B&B WEEKLY		ROOMS
MIN	MAX	MIN	MAX	(with bath)
£18	£21	£172	£195	20 (13)

Task Three *(Reading and explaining a Spanish text in English)*

The Chairman of your town's twinning committee is organising an exchange visit to the town of Vitoria in Spain. He does not speak any Spanish and has a few questions about the hotel where the group is due to stay. Read the advertisement below and answer his questions.

a) When did the hotel open?
b) Where is the hotel in relation to shops?
c) Is it possible to hold conferences or meetings there?
d) How many people can the hotel accommodate?
e) How easy is it to get to the hotel from the airport or the station?

El Hotel Ciudad de Vitoria, perteneciente a la cadena HESPERIA, tiene prevista su inauguración en primavera de 1993.

Situado en el corazón de la zona comercial, junto al parque de La Florida, y a unos 500 metros del Palacio de Congresos Europa, este moderno hotel está dotado con seis amplios y completos salones para convenciones y todo tipo de reuniones complementarias a los congresos.

Las salas de reunión disponen de los más modernos servicios y equipos audiovisuales y de traducción simultánea.

- Capacidad total por habitaciones: 293 plazas
- 6 salas con capacidad de 50 a 450 personas
- Restaurante
- Parking
- Distancia al aeropuerto: 15 minutos aprox.; al ferrocarril: 300 metros.

Hotel Ciudad de Vitoria
**Portal de Castilla,8.
01007 Vitoria-Gasteiz
Tel: 141100. Fax: 231590**

Task Four *(Listening and speaking)*

You are accompanying a party of Spanish visitors on a coach trip to Dan-yr-Ogof Caves. Working in pairs, look at the information below, and answer the visitors' questions.

The Dan-yr-Ogof Showcaves Complex

The Dan-yr-Ogof Experience provides one of the most exciting Day Visit Centres in Britain. In recognition of the importance Dan-yr-Ogof Complex has played in British tourism the Complex has been awarded twelve major Tourism Awards. The Showcaves are situated midway between Brecon and Swansea on the A4067, within the Brecon Beacons National Park.

The Complex consists of:
- Dan-yr-Ogof Showcave — Britain's longest showcave.
- Cathedral Showcave — Largest single chamber in any British showcave.
- Bone Cave — Home of man 3000 years ago in the Bronze Age.
- Iron Age farm reconstruction — opening late 1992.
- Dinosaur Park.
- Museum and Audio Visual Theatre.
- Coffee Shop, Covered Picnic Area and Craft Shop.
- Artificial Ski Slope/Trekking Centre — opening times on application.

ASSIGNMENT 2

(This assignment can be attempted after studying Unit 6. Dictionaries may be used.)

You work in a Tourist Information Centre and receive the following enquiries from a variety of Spanish tourists.

Task One *(Listening and speaking)*

You receive a telephone call from a Spanish family requiring reasonably priced accommodation. Use the information below to answer their questions.

Task Two *(Writing in Spanish)*

You have received a letter from Señora Burgos in Spain, requesting information about the Ulster Folk and Transport Museum. Use the information below to write a simple letter in reply, giving opening times, prices and brief details about the attractions to be seen at the museum.

WELCOME

A fascinating **experience** is promised at the Ulster Folk and Transport Museum for young and old, in both summer and winter.

Workplaces, historic buildings, exhibitions, farms with rare animals and walks are all places of **discovery**.

A pleasant stroll becomes an **adventure** in this superb 176 acre site overlooking Belfast Lough, just seven miles outside Belfast, at Cultra.

Over 60 acres are devoted to the **OUTDOOR MUSEUM**, displaying how many of the people in the north of Ireland lived, worked and spent their leisure time at the turn of the century. Reconstructed farms contrast with village life. Houses, schools, churches, mills, bank, print shop, craftworks premises and much more, allow the visitor to compare lifestyles to those almost 100 years ago.

Added to this are **EXHIBITION GALLERIES** showing how different aspects of life in Northern Ireland, including farming and transport, have changed over centuries.

There are regular **CRAFT DEMONSTRATIONS**, **MAJOR EVENTS** days and many **VISITOR ATTRACTIONS** and facilities, including miniature train rides and horse-drawn carriage rides during the summer,* and of course, full catering facilities.

Around the grounds, unusual **GLENS AND WALKWAYS** offer a real "get away from it all" experience.

The Ulster Folk and Transport Museum is one of Northern Ireland's most important and exciting cultural, educational, tourist and leisure facilities.

ADDITIONAL FACILITIES & INFORMATION

OPENING TIMES: July and August Mon-Sat 10.30-6.00 Sun 12.00-6.00
April-June, September Mon-Fri 9.30-5.00 Sat 10.30-6.00 Sun 12.00-6.00
October-March Mon-Fri 9.30-4.00 Sat/Sun 12.30-4.30

OPENING DATES: Open daily all year except 24,25,26 December 1993.

ADMISSION CHARGES: (April to September 1993*)
Adult full rate £2.60 (concession £1.30)   Family day ticket £6.00
Child full rate £1 .30 (concession £0.60)   * under review September 93

Please contact the Museum for details of: Facilities for Disabled visitors. 'Friends of Cultra'. Regular mailings service. Textile Guilds and Courses. Library, Sound and Photographic Archives facilities. Conference facilities.

In order to improve your visit, we suggest that on arrival you advise our attendant staff of any special requirements you may have and/or places of interest you particularly would like to see. Please note dogs must be kept on a leash during your visit.

Ulster Folk & Transport Museum
Cultra, Holywood, Co.Down BT18 OEU
Tel: (0232) 428428   Fax: (0232) 428728

Task Three *(Explaining a Spanish text in English)*

A local resident who is going to Spain on holiday has received some tourist information in Spanish. Knowing that you speak Spanish, he has given you the information (below) for translation. Make brief notes on the main points of interest.

Conozca la riqueza de los museos

¿Sabe que en Cataluña, un país pequeño, tenemos más de trescientos museos abiertos al público, alguno de los cuales guardan valiosas colecciones de interés mundial?

En Barcelona, en el Parque de la montaña de Montjuïc, se encuentra el Museu d'Art de Catalunya con la mejor colec- ción del mundo de pintura románica, mural o en retablos. Y, muy cerca, la Fundació Miró en un singular edificio del arquitecto catalán Josep Lluís Sert que aprovecha al máximo la luz y el espacio y que guarda una buena colec- ción del artista catalán Joan Miró junto a otras obras de arte contemporáneo. Pero si se siente atraído por el simbo- lismo y religiosidad del estilo románico debe visitar también los museos episcopales de Vic y de Girona y los diocesanos de Solsona y la Seu d'Urgell. En Barcelona y en un am- biente distinto, en un palacio gótico muy bien restaurado, está instalado el Museo Pi- casso. Aquí podrá admirar una muestra muy representati- va de la obra legada a Barcelona por el artista que tanto amó a Cataluña.

El Museo creado por el pintor Salvador Dalí en su villa natal de Figueres es único e insólito. Su contenido le hará comprender el genio surrealista de este pintor.

En muchas poblaciones catalanas se encontrará con pequeños e interesantes museos de las más diversas especialidades y sorprendentes por su originalidad. A título de ejem-

plo, podemos mencionarle el Museo del Vino en Vilafranca del Penedès, el de la Piel en Igualada, el del Papel en Capellades, el del Botijo en Argentona, el de Encajes en Arenys de Mar, el de Coches antiguos en Sils, las colecciones de los Museos Romántico, Maricel y Cau Ferrat de Sitges y el único del mundo dedicado a los muñecos autómatas en el Tibidabo de Barcelona.

Los catalanes nos esforzamos en que los museos sean algo vivo. Por ello, al compás de los tiempos actuales, puede visitar también el Museo de la Ciencia y el Planetarium en Barcelona. Y es posible que en su visita a algún museo coincida con grupos de escolares que se educan en la curiosidad científica y en el respeto de las obras de arte.

Task Four *(Reading and speaking/writing in Spanish)*

You receive a fax from Señor Losado in which he asks for details of the Armagh Palace Stables Heritage Centre. Ideally you telephone him to give the details, but if this is not possible you should send him the information required in writing.

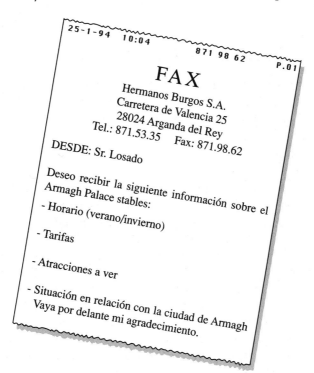

25-1-94 10:04   871 98 62   P.01

FAX

Hermanos Burgos S.A.
Carretera de Valencia 25
28024 Arganda del Rey
Tel.: 871.53.35   Fax: 871.98.62

DESDE: Sr. Losado

Deseo recibir la siguiente información sobre el Armagh Palace stables:

- Horario (verano/invierno)

- Tarifas

- Atracciones a ver

- Situación en relación con la ciudad de Armagh
Vaya por delante mi agradecimiento.

ARMAGH

Palace Stables
HERITAGE CENTRE

Location of the Palace Demesne

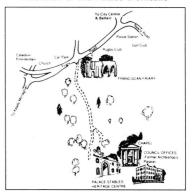

An Entertaining Visit
For All The Family To Enjoy!

Set in the magnificent parkland of the Palace Demesne, the Palace Stables is a Picturesque Georgian Building enclosing a Cobbled Courtyard.

FEATURES INCLUDE

- 18th Century exhibiton of 'A Day in the Life' of Archbishop Robinson where the visitor can meet the Archbishop, his guests and servants

- Stables Craft Shop
- Hayloft Gallery
- Coachmans House
- Education and Audio Visual Rooms
- Stables Area

- 19th Century Coach
- Stables Restaurant
- Tack Room
- Craft Corner
- Childrens Play Activity Room
- Primates Chapel

Special Rates Available for Senior Citizens, Families, Schools and organised groups

OPENING HOURS

APRIL - SEPTEMBER

MON – SAT:
10.00 a.m. – 7.00 p.m.

SUNDAY:
1.00 p.m. – 7.00 p.m.

OCTOBER - MARCH

MON – SAT:
10.00 a.m. – 5.00 p.m.

SUNDAY:
2.00 p.m. – 5.00 p.m.

N.B. Last Tour 45 min before closing

For further information and admission charges
please contact:

Palace Stables Heritage Centre
The Palace Demesne, Armagh BT60 4EL
Tel· (0861) 522722

ARMAGH
DISTRICT COUNCIL

ASSIGNMENT 3

(This assignment can be attempted after studying Unit 9. Dictionaries may be used.)

You work at the Historic Dockyard in Chatham, Kent. You receive an answerphone message from Señor Oñeto, a teacher from a school in Santander, who would like to arrange a day trip to the Dockyard for a group of Spanish children who will be on a week's exchange visit to Kent in April.

Task One *(Listening and speaking)*

a) Simulate a telephone call to Sr. Oñeto, and find out his requirements (dates, numbers etc.). Use the proforma opposite to help you complete the information you require. Don't forget to make a note of the date of the proposed visit and the number in the group (adults and children).

b) Using the information below, respond to Señor Oñeto's questions. At the end of the conversation, you promise to send him a brochure.

Education Service Information Request

If you would like to make an educational booking (See: Special Education Facilities on page 3) and require further details, either telephone the Historic Dockyard's Education Service on 0634 812551 or fill in the coupon below:

Name _____

School_____

Address _____

_____

_____ Postcode _____

Telephone _____

Return, using the Freepost service, to: Education Service, The Historic Dockyard, Chatham, Kent ME4 4TE

REDUCED RATES FOR SCHOOLS
- Special price £1.50 per pupil
- One adult free per 10 pupils
- Additional adults at £1.50
- FREE preliminary visits for teachers planning fieldwork
- Guided Tours: £15 (× 30 pupils per guide)

OPENING HOURS – SUMMER: 29th March to 31st October 1992
Wed, Thurs, Fri, Sat, Sun 10am-6.30pm
WINTER: 1st November 1992 to 27th March 1993
Wed, Sat and Sun 10am-4.30pm

LOCATION: The Historic Dockyard, Chatham is situated in North Kent, only an hour from London or Dover and is close to the M2, M20, M25.

For detailed list of Education Service leaflets, and museum publications contact:
The Education Service, Chatham Historic Dockyard, Chatham, Kent ME4 4TE.
Tel: (0634) 812551. Fax: (0634) 826918.

THE HISTORIC DOCKYARD
Chatham, Kent

Task Two *(Explaining an English text in Spanish)*

You receive a letter from Señor Oñeto confirming his group booking. He has enclosed part of the brochure you sent, which he has not fully understood. Ideally you explain these points to him over the phone, but if this is not possible you will have to send him the information in writing.

Practical Information

● **Undercover Picnic Area:** The Fitted Rigging House, part of the large storehouses alongside the river, can be opened by arrangement, for school groups to eat packed lunches. Schools wishing to use the area, should book a time through the Education Service.

Task Three *(Reading and writing)*

As his group will be visiting the Dockyard during the morning, Señor Oñeto asked you to suggest some nearby places of interest which could be visited in the afternoon. Look at the publicity material in Spanish and English, and write down in Spanish (with brief explanations in English) places to which he might like to take his group.

El castillo de Rochester es uno de los ejemplos más bellos de la arquitectura normanda en Gran Bretaña. Justo en frente, **la Catedral de Rochester**, la segunda más antigua de Inglaterra, posee una bella cripta y una gran colección de pinturas al óleo medievales. **El Centro de Charles Dickens** celebra la vida y la época del gran escritor del siglo 19 que está estrechamente vinculado a la ciudad. En la calle principal, hay el más hermoso edificio municipal del siglo 16 en Kent, **el Museo Guildhall** que muestra a sus visitantes la historia de la ciudad y de su río, y en **Watt's Charity** puede ver como, durante varios siglos, se extendía la hospitalidad a los "viajeros pobres". En Chatham, **Fort Amherst** es una de las más hermosas fortalezas de la época Napoleónica en Gran Bretaña, con más de 2 000 metros de tuneles. Al lado, **el Museo de los Royal Engineers** repasa la historia del género militar en tiempos de paz y de guerra. **El Centro Patrimonial de Medway** recuenta la historia del río Medway.

If you are looking for true heritage and the perfect day out (or longer!) then why not visit the dramatic Norman Castle? Where King John used the fat of 40 pigs to save his bacon! Or Rochester Cathedral, the second oldest in the country. Then there is the superbly restored Victorian High Street which is home to the 17th century Guildhall Museum and award winning Charles Dickens Centre where you can enter the grim reality and curious world of the great Victorian novelist, whose links with the city can be found everywhere.

Take a boat trip along the River Medway by paddlesteamer or river bus to the Historic Dockyard at Chatham where Britain's 'Hearts of Oak' were built. Or to the country's finest Napoleonic fortress, Fort Amherst, with its 2 000 yards of tunnels, and the military re-enactment. Along with the colourful and lively festivals, superb tea rooms and shops, 2 000 years of history is just waiting to be discovered.

Task Four *(Explaining an English text in Spanish)*

Several days before the group is due to visit, you receive a telephone call from Señor Oñeto who enquires about directions to the Dockyard from Dover, and also about parking facilities for the coach. Use the information below to help you answer his queries.

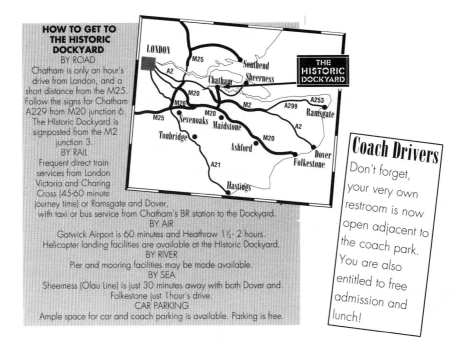

HOW TO GET TO THE HISTORIC DOCKYARD

BY ROAD
Chatham is only an hour's drive from London, and a short distance from the M25. Follow the signs for Chatham A229 from M20 junction 6. The Historic Dockyard is signposted from the M2 junction 3.

BY RAIL
Frequent direct train services from London Victoria and Charing Cross (45-60 minute journey time) or Ramsgate and Dover, with taxi or bus service from Chatham's BR station to the Dockyard.

BY AIR
Gatwick Airport is 60 minutes and Heathrow 1½- 2 hours. Helicopter landing facilities are available at the Historic Dockyard.

BY RIVER
Pier and mooring facilities may be made available.

BY SEA
Sheerness (Olau Line) is just 30 minutes away with both Dover and Folkestone just 1 hour's drive.

CAR PARKING
Ample space for car and coach parking is available. Parking is free.

Coach Drivers
Don't forget, your very own restroom is now open adjacent to the coach park. You are also entitled to free admission and lunch!

ASSIGNMENT 4

(This assignment can be attempted after studying Unit 12. Dictionaries may be used.)

You are employed at Leeds Castle in Kent. A party from Spain wishes to attend the famous June/July open-air concerts in the castle grounds. Another party wants to book places for a Kentish Evening. You are in charge of the arrangements.

Task One *(Listening and speaking)*

a) A Spanish secretary rings from Madrid to find out details of the open-air concerts. Use the information below right to answer her queries.

b) Complete the booking form below with the information obtained from your caller.

OPEN AIR CONCERTS
Saturday 26th June & 3rd July 1993

I would like to reserve the following tickets:

No.	Type of Ticket	Total £	Office Use Ticket Nos
☐	Saturday 26th June Open Air Concert ticket(s) without seat @ £18.50		
☐	ticket(s) with seat @ £23.50		
☐	Saturday 3rd July Open Air Concert ticket(s) without seat @ £18.50		
☐	ticket(s) with seat @ £23.50		
☐	souvenir programme(s) @ £2.50 each		Despatch Date ___ /93

TOTAL AMOUNT £ _____

Please note that tickets will be posted to you 2 weeks before the date of the concert.
Lost tickets will not be replaced.
Tickets are non-returnable/refundable or transferable.

Cheques/Postal Orders made payable to "Leeds Castle Enterprises Ltd".
Method of payment (please tick appropriate box):
Cheque/Postal Order ☐   Credit Card ☐
Credit Card Type: AMEX/VISA/BARCLAYCARD/ACCESS
Credit Card No: ☐☐☐☐☐☐☐☐☐☐☐☐☐☐
Credit Card Expiry Date: ___ / ___ / ___
Signature: ....

Name ....
Address ....
....
....
Tel: (STD Code ....) ....
Please complete and return this form, together with a SAE, to:
Open Air Concert, Box Office, Leeds Castle, Maidstone, Kent ME17 1PL

OPEN AIR CONCERTS

Saturday 26th June and Saturday 3rd July
The great tradition of the Leeds Castle Open Air Concerts is upheld in 1993, with the first appearance of the Royal Philharmonic Orchestra. Carl Davis, the world-renowned conductor, will take centre stage, supported by guest piano soloist Lucy Parham — performing Rachmaninov's Piano Concerto No. 2 — and the Brighton Festival Chorus. Pieces by Holst, Strauss, Verdi and Offenbach are promised amongst the classical favourites.

A magical atmosphere envelops Leeds Castle on concert night as thousands of candles light up the hillside, in anticipation of the dramatic finale. The deafening cannons of the Royal Artillery are fired during Tchaikovsky's 1812 Overture, signalling the start of the magnificent firework display and rousing "Land of Hope & Glory".

Gates open at 4pm, followed at 5.30pm by music from the Royal Artillery Band, prior to the start of the concerts at 8pm. A selection of concert merchandise and foods, champagne, wine, beer and minerals will all be on sale, whilst the Leeds Castle Shop will be open for last minute picnic essentials — fine foods and hand held union jacks.

Tickets by advance purchase only. No admission without a ticket.
£18.50 per person (Same price as last year) plus £5 with a seat. See Box Office details below.

> **BOX OFFICE OPENING HOURS:**
> **11th January-26th March.** Open Monday to Friday: 11.00am-5.00pm *(Closed Saturday & Sunday).*
> **29th March-9th July.** Open every day: 11am-5pm
> Located by the Castle car park, the Box Office is reached via the main B2163 entrance. Major credit cards are accepted. Open for telephone, postal and counter sales. Telephone (0622) 880008. A booking form features in this leaflet.

Copyright © 1994 V. Davies & A. Jaspe *Spanish for Leisure and Tourism Studies* Hodder Headline Plc

Task Two *(Reading/translating into English and writing in Spanish)*

You receive a letter from another Spanish group about the Kentish Evenings.

a) Translate the following letter into English.

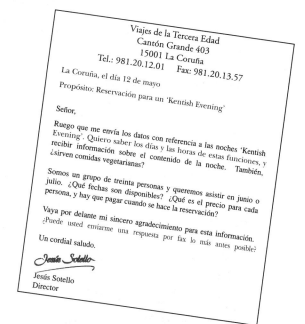

Viajes de la Tercera Edad
Cantón Grande 403
15001 La Coruña
Tel.: 981.20.12.01   Fax: 981.20.13.57

La Coruña, el día 12 de mayo

Propósito: Reservación para un 'Kentish Evening'

Señor,

Ruego que me envía los datos con referencia a las noches 'Kentish Evening'. Quiero saber los días y las horas de estas funciones, y recibir información sobre el contenido de la noche.   También, ¿sirven comidas vegetarianas?

Somos un grupo de treinta personas y queremos asistir en junio o julio. ¿Qué fechas son disponibles? ¿Qué es el precio para cada persona, y hay que pagar cuando se hace la reservación?

Vaya por delante mi sincero agradecimiento para esta información. ¿Puede usted enviarme una respuesta por fax lo más antes posible?

Un cordial saludo.

Jesús Sotello

Jesús Sotello
Director

KENTISH EVENING DINNERS

Normally held on Saturdays throughout the year (except August), 7pm-12.30am. Kentish Evenings feature a candlelit five-course dinner combined with a sherry reception, private tour of Leeds Castle and a half bottle of wine per person. Dinner is served in the Fairfax Hall, a former 17th century tithe barn and includes a main course of roast foreribs of beef, carved by guests at the table. *(Alternative vegetarian dishes can be provided)* Live, background music is played during dinner and, as coffee is served, the entertainment changes tempo to an exciting combination of folk music and barn dancing. Remember to bring your dancing shoes!

b) List your answers to their queries in Spanish, and use the information opposite to write a fax in reply.

Task Three *(Writing in Spanish)*

Prepare a provisional programme in Spanish for the visit from the group in Madrid.

Task Four *(Speaking)*

On the day of the Kentish Evening, greet the group from La Coruña, accompany them to the Fairfax Hall Restaurant, and explain the menu to them, before wishing them a pleasant evening.

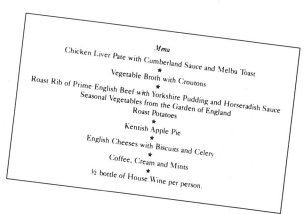

Menu

Chicken Liver Pate with Cumberland Sauce and Melba Toast
★
Vegetable Broth with Croutons
★
Roast Rib of Prime English Beef with Yorkshire Pudding and Horseradish Sauce
Seasonal Vegetables from the Garden of England
Roast Potatoes
★
Kentish Apple Pie
★
English Cheeses with Biscuits and Celery
★
Coffee, Cream and Mints
★
½ bottle of House Wine per person.

GLOSSARY

(m = masculine, f = feminine, s = singular,
pl = plural)

a	*to, at*	anunciar	*to announce*
abierto	*open*	año (m)	*year*
abrigo (m)	*coat*	aparcamiento (m)	*car park, parking*
abril (m)	*April*	aperitivo (m)	*aperitif*
abrir	*to open*	aproveche (que . . .)	*enjoy your meal*
acompañando	*accompanying*	aquí	*here*
actualidad (f)	*present, present time*	área (f)	*area*
acuerdo (de . . .)	*OK, all right*	arroz (m)	*rice*
adelantado (por . . .)	*in advance*	arte (f)	*art*
adiós	*goodbye*	asado	*roast, baked*
admitido	*allowed, admitted*	ascensor (m)	*lift*
advertir	*to warn, to advise*	así	*like this*
afuera	*outside*	atlético	*athletic*
agosto (m)	*August*	audiovisual	*audiovisual*
agua (f)	*water*	auriculares (mpl)	*headphones*
águila (f)	*eagle*	autobús (m)	*bus*
aire (m)	*air*	autocar (m)	*coach*
ajedrez (m)	*chess*	avisar	*to inform*
ajo (m)	*garlic*	aviso (m)	*announcement*
al ajillo	*cooked in garlic*	ayer	*yesterday*
alabanza (f)	*compliment*	ayuda (f)	*help*
alcohólico	*alcoholic*	ayudar	*to help*
alfarería (f)	*pottery*	azafata (f)	*hostess*
algo	*something*	azul	*blue*
alguien	*someone*		
algún/a (m/f)	*some*	bajar	*to get off, to get down*
algunos/as (m/fpl)	*some*	bajo	*low*
alimentación (f)	*grocery*	balneario (m)	*spa bath*
alimentos (mpl)	*food, foodstuffs*	baloncesto (m)	*basketball*
almorzar	*to have lunch*	ballena (f)	*whale*
alquilar (se)	*to rent, to hire*	banco (m)	*bank*
alrededor (de)	*about, approximately*	bandera (f)	*flag*
alteración (f)	*change, alteration*	baño (m)	*bath*
alto	*high, tall*	bar (m)	*bar*
alto (m)	*height*	barato	*cheap*
allí	*there*	barco (m)	*boat*
amable	*kind*	barrio (m)	*area of a town*
amarillo	*yellow*	barro (m)	*clay*
ambiente (m)	*atmosphere*	bastante	*rather*
ambulancia (f)	*ambulance*	bebé (m)	*baby*
ancho (m)	*width*	beber	*to drink*
andar	*to walk*	bebida (f)	*drink*
anillo (m)	*ring*	belleza (f)	*beauty*
animal (m)	*animal*	bello	*beautiful*
ante (m)	*suede*	biblioteca (f)	*library*
anterior	*previous*	bien	*well, good*
antes (de)	*before*	billar (m)	*billiards*
anticipado	*in advance*	billete (m)	*ticket*
anualmente	*yearly, annually*	bistec (m)	*steak*

bizcocho (m)	biscuit (savoury)	cena (f)	dinner
blanco	white	centímetro (m)	centimetre
boca (f)	mouth	central	central
bocadillo (m)	sandwich	centro (m)	centre
bochas (fpl)	bowls	cerámica (f)	ceramics
bolígrafo (m)	pen	cerca (de)	near
bolso (m)	handbag	cerdo (m)	pork, pig
bomba (f)	bomb	cereza (f)	cherry
bonito	pretty	cero (m)	zero, nought
borde (m)	edge, side	cerrado	closed
botella (f)	bottle	cerrar	to close
brazo (m)	arm	cerveza (f)	beer
bueno	good	cien	hundred
bufanda (f)	scarf	cinco	five
bufete (m)	buffet	cine (m)	cinema
buscar	to look for, to fetch	cigarrillo (m)	cigarette
buzón (m)	post box	ciudad (f)	town, city
		claro	clear
cabeza (f)	head	claro que sí	of course
cachemira (f)	cashmere	clase (f)	class
cada	each, every	cliente (m/f)	client, customer
caer	to fall	cocido	cooked, boiled
café (m)	coffee	cocina (f)	kitchen
caja (f)	box	cocinero (m)	chef, cook
cajón (m)	locker	cocodrilo (m)	crocodile
calefacción (f)	heating	coche (m)	car
calidad (f)	quality	cochinillo (m)	roast sucking pig
calor (m)	heat	coger	to take
calle (f)	street	colegio (m)	secondary school
cama (f)	bed	coles de Bruselas (fpl)	Brussels sprouts
camarero/a (m/f)	waiter/waitress	coliflor (f)	cauliflower
cambiar	to change	colonia (f)	aftershave
cambio (m)	change	color (m)	colour
camiseta (f)	T-shirt	comedor (m)	dining room
campaña (f)	country, countryside	comentario (m)	commentary
camping (m)	campsite	comercial	commercial
campo (m)	field, pitch, course	comercio (m)	business
capacidad (f)	capacity	comida (f)	food, lunch
caramelo (m)	sweet	como/¿cómo?	how, how?
caravana (f)	caravan	cómodo	comfortable
carne (f)	meat	competición (f)	competition
caro	expensive, dear	completo	full, complete
carpintería (f)	woodwork, carpentry	comprado	bought
carrete (m)	film (for a camera)	comprar	to buy
carretera (f)	(main) road	con	with
carta (f)	letter	concierto (m)	concert
cartera (f)	wallet, purse	conducir	to drive
casa (f)	house	conferencia (f)	conference
casco (m)	helmet	confirmar	to confirm
casino (m)	casino	consumiciones (fpl)	drinks
casita (f)	cottage	cordero (m)	lamb
caso (m)	case	correa (f)	lead, leash
castellano	Spanish, Castilian	correo (m)	post, mail
castillo (m)	castle	cosa (f)	thing
catchup (m)	ketchup	cotidiano	everyday
cebolla (f)	onion		

cruzar	to cross	disponible	available
cuando/¿cuándo?	when, when?	distribuidor (m)	distributor
cuanto/¿cuánto?	how much/many, how much/many?	doler	to hurt
		domingo (m)	Sunday
cuarto	fourth	doncella (f)	chambermaid
cuarto de baño (m)	bathroom	donde/¿dónde?	where, where?
cuatro	four	dos	two
cubierto	covered	ducha (f)	shower
cuchara (f)	spoon	dude	
cuchillo (m)	knife	no dude en llamar	do not hesitate to call
cuelgue (no . . .)	hold the line	duración (f)	duration
cuello (m)	neck	durante	during
cuenta (f)	account	durar	to last
cuero (m)	leather		
cuerpo (m)	body	echarse de cabeza	to dive
cuidado	be careful	edificio (m)	building
cultural	cultural	efectos (mpl)	belongings
		ejercicio (m)	exercise
champiñón (m)	mushroom	el (m)	the
chocolate (m)	chocolate	él	he
chuleta (f)	chop, cutlet	electricidad (f)	electricity
		elegir	to choose
dar	to give	ella	she
de	of, from	ellos/ellas (m/fpl)	they
debajo (de)	under	empanado	in breadcrumbs
decir	to say	empezar	to start
dejar	to leave	empleado/a (m/f)	employee
delante (de)	in front of	empujar	to push
de más	extra	en	in
demasiado	too much, too many	encantar	to delight, to love
dentro (de)	inside, in	encargado (m)	person responsible
depender	to depend	encontrar	to meet
deporte (m)	sport	enero (m)	January
deportivo	sports	enfermera (f)	nurse
derecha (f)	right	enhorabuena	congratulations
desayuno (m)	breakfast	ensalada (f)	salad
descuento (m)	discount	enseguida	straight away
desde	from	entender	to understand
desperdicio (m)	litter	entendido	understood, OK
después (de)	after	entonces	so, then
detrás (de)	behind	entrada (f)	entrance
día (m)	day	entre	between
día festivo (m)	Bank Holiday	enviar	to send
diapositiva (f)	slide (photo)	época (f)	period of time, era
diariamente	daily	equipos (mpl)	equipment
diciembre (m)	December	error (m)	mistake
dieta (f)	diet	escrito	written
diez	ten	por escrito	in writing
diferencia (f)	difference	escuela (f)	school
dígame	hello (on phone)	ese/esa (m/f)	that
dimensión (f)	dimension	esos/esas (m/fpl)	those
dinero (m)	money	España	Spain
diputado (m)	delegate	español	Spanish
dirección (f)	direction, address	especial	special
directo	direct	esperar	to wait for, to hope
discúlpame	excuse me	esquí (m)	skiing

estación (f)	station	general	general
estallar	to explode	gente (f)	people
estante (m)	shelf	gimnasio (m)	gymnasium
estar	to be	gira (f)	tour
este/esta (m/f)	this	goma de borrar (f)	rubber, eraser
estómago (m)	stomach	gordo	fat
estos/estas (m/fpl)	these	grabación (f)	recording
estudiante (m/f)	student	gracias	thank you
estupendo	wonderful, great	Gran Bretaña	Great Britain
exactamente	exactly	grande	big, large
excelente	excellent	granja (f)	farm
exclusivamente	exclusively	gratis	free (of charge)
excursión (f)	excursion	grave	serious
explicación (f)	explanation	gris	grey
explicar	to explain	grupo (m)	group
exposición (f)	exhibition	guardar	to keep
extranjero	foreign	guardería (f)	crèche
		guarnición (f)	garnish
fácil	easy	guerra (f)	war
facilidad (f)	facility	guía (f)	guide
factura (f)	bill	guisante (m)	pea
familia (f)	family	gustar	to like
fantasma (m)	ghost		
fax (m)	fax	habitación (f)	(bed)room
febrero (m)	February	hablar	to speak
fecha (f)	date	hacer	to make, to do
feria (f)	fair	hambre (f)	hunger
ferrocarril (m)	railway	hamburguesa (f)	hamburger
festival (m)	festival	hamburguesería (f)	hamburger restaurant
festivo	festive	hasta	until
fiesta (f)	fiesta, party	hay	there is, there are
fijo	fixed, firm	helado (m)	ice-cream
firmar	to sign	herido	hurt, injured
flan (m)	crème caramel	hierba (f)	grass
flor (f)	flower	hija (f)	daughter
folleto (m)	brochure	hijo (m)	son
fondo (m)	back	historia (f)	history
al fondo	at the back	hoguera (f)	open fire
formulario (m)	form	hoja (f)	page
foso (m)	moat	hola	hi, hello
foto (f)	photograph	hombre (m)	man
fotocopia (f)	photocopy	hora (f)	hour
fresa (f)	strawberry	horario (m)	timetable
fresco	fresh	horno (m)	oven, kiln
frío	cold	hostal (m)	guest house
frito	fried	hotel (m)	hotel
fuerte	strong	hoy	today
fumar	to smoke	hoyo (m)	hole
fundador (m)	founder		
furgoneta (f)	van	ida y vuelta	return (ticket)
		iglesia (f)	church
gallego	Galician (NW Spain)	incendio (m)	fire
galleta (f)	biscuit (sweet)	importa	
gamba (f)	prawn	no importa	it does not matter
garantizado	guaranteed	imposible	impossible
gastronómico	gastronomic (restaurant)	incluido	included

inclusivo	*inclusive*	lúpulo (m)	*hop*
individual	*individual, single*		
inexperto	*inexperienced*	llamada (f)	*call*
información (f)	*information*	llamar	*to call, to telephone*
Inglaterra	*England*	llave (f)	*key*
inglés	*English*	llavero (m)	*keyring*
inmediatamente	*immediately*	llegar	*to arrive*
instalación (f)	*facility*	lleno	*full*
interestante	*interesting*	llevar	*to take, to wear*
intérprete (m)	*interpreter*		
invierno (m)	*winter*	mal	*bad, badly*
ir	*to go*	mano (f)	*hand*
IVA	*VAT*	manta (f)	*blanket*
izquierda (f)	*left*	mantener	*to keep (to)*
		manzana (f)	*apple*
jábega (f)	*trawler*	mañana	*tomorrow*
jabón (m)	*soap*	maqueta (f)	*model*
jardín (m)	*garden*	máquina (f)	*machine*
jarra (f)	*jug*	máquina	
jefe de comedor (m)	*head waiter*	tragaperras (f)	*fruit machine*
joven	*young*	marcador (m)	*marker*
joyería (f)	*jewellery*	marcador de libros	*bookmark*
judía (f)	*bean*	(m)	
juego (m)	*game*	marido (m)	*husband*
jueves (m)	*Thursday*	mariscos (mpl)	*sea food*
jugar	*to play*	marisquería (f)	*sea food restaurant*
juguete (m)	*toy*	marrón	*brown*
julio (m)	*July*	martes (m)	*Tuesday*
junio (m)	*June*	marzo (m)	*March*
junto (a)	*alongside*	más	*more*
		matrimonial	
la (f)	*the*	cama matrimonial	*double bed*
laberinto (m)	*maze*	(f)	
lado (m)	*side*	mayo (m)	*May*
al lado de	*next to*	mayonesa (f)	*mayonnaise*
lana (f)	*wool*	mayor	*more, greater*
lápiz (m)	*pencil*	me	*me, to me*
largo (m)	*length*	mecanografía (f)	*typing*
a lo largo de	*throughout*	mechero (m)	*lighter*
leche (f)	*milk*	mediano	*medium*
lejos (de)	*far (from)*	médico (m)	*doctor*
legumbres (fpl)	*vegetables*	medir	*to measure*
lenguado (m)	*sole*	mejor	*better*
ley (f)	*law*	melocotón (m)	*peach*
libra (f)	*pound*	menor	*less, under*
librería (f)	*bookshop*	menos	*less, minus*
libro (m)	*book*	mensualmente	*monthly*
limón (m)	*lemon*	menta (f)	*mint*
limonada (f)	*lemonade*	menú (m)	*menu*
litoral (m)	*coastline, shore*	menudo	
Londres	*London*	a menudo	*often*
los/las (m/fpl)	*the*	mercado (m)	*market*
lubina (f)	*sea bass*	merecer	*to be worth*
lugar (m)	*place*	merluza (f)	*hake*
en lugar de	*instead of*	mermelada (f)	*jam*
lunes (m)	*Monday*	mesa (f)	*table*

metro (m)	metre	obligado	obliged
mezclilla (f)	tweed	obligatorio	obligatory
mi(s)	my	ocio (m)	leisure
microfonía (f)	microphone	octubre (m)	October
mide	it measures	ocurrir	to happen
miel (f)	honey	ocho	eight
miércoles (m)	Wednesday	oficina (f)	office
mil	thousand	ofrecer	to offer
millón	million	ojo (m)	eye
mirar	to look at	ola (f)	wave
mineral	mineral	olvidar	to forget
minusválido	handicapped	ordenación (f)	collation
minuto (m)	minute	oreja (f)	ear
mismo	same	origen (f)	origin
mixto	mixed	oro (m)	gold
mobiliario (m)	furniture, furnishings	orquesta (f)	orchestra
momento (m)	moment	otoño (m)	autumn
monasterio (m)	monastery	otro	other
mostaza (f)	mustard	oye	
motocicleta (f)	motorbike	se oye mal	the line is bad
muchísimo	very much		
mucho	a lot	pagar	to pay
muelle (m)	quay	país (m)	country
mujer (f)	wife, woman	pan (m)	bread
mundial	world, worldwide	pañuelo (m)	headscarf
muralla (f)	wall	papelera (f)	waste-paper basket
museo (m)	museum	paquete (m)	packet, parcel
música (f)	music	paquete-regalo (m)	gift-wrapping
músico ambulante (m)	busker	para	for
muy	very	parada (f)	stop
		parque (m)	park
nada	nothing	parque de atracciones (m)	theme park
de nada	you're welcome		
nadador (m)	swimmer	parte (f)	part
naranja (f)	orange	participante (m/f)	participant
nariz (f)	nose	participar	to participate
natural	natural	pasado (m)	past
necesitar	to need	pasado mañana	the day after tomorrow
negocio (m)	business	pasaporte (m)	passport
negro	black	pasar	to pass, to spend time
ningún	not one	pasear	to stroll, to walk
niño/a (m/f)	child	paseo (m)	stroll, walk
no	no, not	pastel (m)	cake
no . . . más	no more	patata (f)	potato
no . . . ni . . . ni	neither . . . nor	patio (m)	patio
noche (f)	night	patrón (m)	owner
nombre (m)	name	pedir	to order
normal	normal	película (f)	film
nosotros	we	peligro (m)	danger
notado	noted	pendiente (f)	earring
noviembre (m)	November	penique (m)	penny
nuestro	our	pensar	to think
nuevo	new	pensión (f)	small guest house
de nuevo	again	pensionista (m/f)	retired person, pensioner
número (m)	number	peor	worse
nunca	never	pequeño	small

pera (f)	*pear*	prohibido	*forbidden*
perdón	*excuse me*	próximo	*next*
permiso (m)	*licence, permission*	proyección (f)	*projection*
pero	*but*	pub (m)	*pub, nightclub*
perro (m)	*dog*	público (m)	*public*
persona (f)	*person*	pueblo (m)	*village*
pesca (f)	*fishing*	puente (m)	*bridge*
pescado (m)	*(cooked) fish*	puerro (m)	*leek*
petróleo (m)	*oil*	puerta (f)	*door*
picado	*minced (of meat)*	puerto (m)	*port*
pie (m)	*foot*	puesto de socorro (m)	*first aid post*
pierna (f)	*leg*	pulsera (f)	*bracelet*
pimienta (f)	*pepper*	puré (m)	*purée*
pinta (f)	*pint*		
pisapapeles (m)	*paperweight*	que	*that, than*
piscina (f)	*swimming pool*	¿qué?	*what?*
piso (m)	*floor (of a building)*	querer	*to want*
piso bajo (m)	*ground floor*	queso (m)	*cheese*
pista (f)	*court*	¿quién?	*who?*
pizarra (f)	*black/white board*	quincenalmente	*fortnightly*
pizza (f)	*pizza*	quinto	*fifth*
placa (f)	*plaque*	quizás	*perhaps*
plancha (f)	*grill*		
a la plancha	*grilled*	razón (f)	*reason, right*
plano (m)	*plan, map*	recibir	*to receive*
plástico (m)	*plastic*	recibo (m)	*receipt*
plata (f)	*silver*	reclamación (f)	*complaint*
plato (m)	*dish, plate*	recreo (m)	*recreation*
playa (f)	*beach*	recto (todo . . .)	*straight (on)*
plaza (f)	*square, place*	refresco (m)	*refreshment*
poco	*little*	regalo (m)	*present, gift*
poder	*to be able to, can*	región (f)	*region, area*
pollo (m)	*chicken*	reloj (m)	*clock, watch*
pomelo (m)	*grapefruit*	rellenar	*to fill in*
poner	*to put*	repetir	*to repeat*
porque	*because*	repollo (m)	*cabbage*
¿por qué?	*why?*	reservación (f)	*reservation, booking*
portátil	*portable*	reservado	*reserved*
posible	*possible*	reservar	*to reserve*
postal (f)	*postcard*	restaurante (m)	*restaurant*
postre (m)	*sweet, dessert*	resulta más fácil	*it would be easier*
potaje (m)	*soup*	resultar	*to result, to be*
prado (m)	*green, field*	retroproyección (f)	*overhead projection*
precio (m)	*price*	reunión (f)	*meeting*
precioso	*lovely*	ribera (f)	*esplanade*
preferir	*to prefer*	riñón (m)	*kidney*
pregunta (f)	*question*	río (m)	*river*
preparar	*to prepare*	rodilla (f)	*knee*
primavera (f)	*spring*	rogar	*to request*
primero	*first*	rojo	*red*
principal	*main*	ropa (f)	*clothes*
prisa (f)	*hurry, rush*	rosa (f)	*rose*
privado	*private*	rosado (m)	*rosé wine*
problema (m)	*problem*	sábado (m)	*Saturday*
profundo	*deep*		
programa (m)	*programme*	saber	*to know*

sabor (m)	*flavour*	sombrero (m)	*hat*
sacar	*to take off*	sorbete (m)	*sorbet*
sal (f)	*salt*	su(s)	*your, his, her, their*
sala (f)	*room*	suerte (f)	*luck*
salchicha (f)	*sausage*		
salida (f)	*exit*	talón (m)	*cheque*
salir	*to go out, to leave*	talla (f)	*size (clothes)*
salón (m)	*lounge, room*	tamaño (m)	*size*
salsa (f)	*sauce*	de tamaño natural	*full-size*
saltar	*to jump*	también	*also*
salud (f)	*health, cheers*	Támesis (m)	*Thames*
sandwich (m)	*toasted sandwich*	tanto	*so much, so many*
sauna (f)	*sauna*	tarde (f)	*afternoon, evening*
secar	*to dry*	tarifa (f)	*tariff*
sed (f)	*thirst*	tarjeta (f)	*card*
seda (f)	*silk*	tarta (f)	*tart*
seguir	*to follow*	taza (f)	*cup*
segunda (f)	*second class*	tazón (m)	*mug*
segundo (m)	*second (of time)*	té (m)	*tea*
seguridad (f)	*safety, security*	teatro (m)	*theatre*
seguro	*sure*	teléfono (m)	*telephone*
seis	*six*	televisión (f)	*television*
sello (m)	*stamp*	temporada (f)	*season*
semana (f)	*week*	tenedor (m)	*fork*
semanalmente	*weekly*	tener	*to have, to hold*
sencillo	*single (ticket)*	tener que	*to have to*
sentado	*seated*	tenis (m)	*tennis*
señal (f)	*arrow, sign*	tercero	*third*
señor (m)	*sir, Mr*	térmico	*thermal*
señora (f)	*madam, Mrs*	terminar	*to finish*
señorita (f)	*Miss*	tiempo (m)	*time, weather*
septiembre (m)	*September*	tienda (f)	*shop*
ser	*to be*	tienda de campaña (f)	*tent*
servicio (m)	*service*	tinto	*red (of wine)*
servicios (mpl)	*toilets*	típico	*typical*
servilleta (f)	*serviette*	tirar	*to pull*
si	*if*	tiro con arco (m)	*archery*
sí	*yes*	tocar	*to touch*
sidra (f)	*cider*	todavía	*still*
siento		todo	*all*
lo siento	*I'm sorry*	tomar	*to have, to take*
siete	*seven*	tonelada (f)	*ton*
siglo (m)	*century*	torre (f)	*tower*
siguiente	*following*	torta (f)	*pie*
silbato (m)	*whistle, alarm*	tortilla (f)	*omelette*
silla (f)	*seat*	total (m)	*total*
silla de ruedas (f)	*wheelchair*	tradicional	*traditional*
simultáneo	*simultaneous*	traducción (f)	*translation*
sin	*without*	traer	*to bring*
sistema (m)	*system*	trajes (mpl)	*clothes*
sitio (m)	*place, siege*	trayecto (m)	*journey*
sobre	*on*	tren (m)	*train*
social	*social*	tres	*three*
sociedad (f)	*society*	trozo (m)	*piece*
solamente	*only*	trucha (f)	*trout*
sólo	*alone*	tu	*your*

tú	*you*	verde	*green*
turco	*Turkish*	verduras (fpl)	*vegetables*
turismo (m)	*tourism*	vestuario (m)	*changing room*
turista (m/f)	*tourist*	vez (f)	*time, occasion*
turístico	*touristic*	a veces	*sometimes*
		viaje (m)	*journey, trip*
último	*last*	vida (f)	*life*
un/uno (m)	*a, an, one*	viernes (m)	*Friday*
una (f)	*a, an, one*	vinagre (m)	*vinegar*
unas (fpl)	*some*	visita (f)	*visit*
unos (mpl)	*some*	visitante (m/f)	*visitor*
usted (s)/ustedes (pl)	*you*	visitar	*to visit*
		volver	*to return*
vacío	*empty*	vosotros	*you*
vainilla (f)	*vanilla*	vuelta (f)	*return*
valer	*to be worth*	vuestro	*your*
variado	*various*		
variedad (f)	*variety*		
varios/as	*several*	y	*and*
vaso (m)	*glass*	yo	*I*
vela (f)	*candle*		
venir	*to come*	zanahoria (f)	*carrot*
ver	*to see*	zapato (m)	*shoe*
verano (m)	*summer*	zoo (m)	*zoo*
verdad (f)	*truth*	zumo (m)	*juice*

KEY

Unidad 1

SITUACION A

Ejercicios

1 i) b ii) f iii) d iv) c v) a vi) e

SITUACION B

Ejercicios

1 a) M b) J c) CH d) H e) G f) I
2 a) noche b) reservación c) estupendo
d) baño e) solamente f) hostal
3 7, 2, 1, 4, 3, 8
4 True: a, d False: b, c, e

SITUACION C

Comprensión

1 i) c ii) e iii) a iv) d v) b
2 i) c ii) a iii) d iv) e v) b

Ejercicios

1 a) es b) está c) están d) son e) está
f) soy
2 a) los b) la c) las d) el e) el f) la g) las
h) los

Unidad 2

SITUACION A

Comprensión

1) b 2) a 3) c

Ejercicios

1 i) d ii) c iii) a iv) b
2 Q: a, d, f S: b, c, e
3 a) Are there any castles in the region? b) I
can stroll in the park. c) There is a brochure
over there. d) Are there any exhibitions?
e) You can reserve a room. f) Can I smoke in
the dining room?

SITUACION B

Ejercicios

1 False: a, c True: b
2 Johnson: £3.20 Peterson: £12.00 Halling:
£5.10 Underwood: £7.15

SITUACION C

Comprensión

a) Castillo b) Centro Deportivo

Ejercicios

1 a) al b) a la c) a las d) a los e) a la f) al
2 a) 1st left b) 3rd left c) 2nd right d) 1st
right e) 2nd left

Unidad 3

SITUACION A

Comprensión

2 a) £3.60 b) £3.10 c) £4.60 d) £5.50
e) £3.40 f) £4.20

Ejercicios

1 a) María b) Miguel c) Juan d) Pilar
2 19, 40, 20, 14, 3, 50, 2, 8, 16, 60, 15, 30
3 a) la b) el c) los d) las e) el f) el g) la
h) la i) la

SITUACION B

Comprensión

1 a) ensalada mixta b) tortilla c) trozos de
pollo empanado d) sandwich mixto e) patatas
fritas f) hamburguesa g) bocadillos variados

2 a) No me gustan las patatas fritas. b) No hay bocadillos variados. c) No tenemos el menú. d) No quiero pedir un sandwich. e) La tortilla no es para Señor Tomás.
3 a) fritas b) mixta c) inglés d) variados e) mixto f) española

Ejercicios

1 a) pedir b) bien c) sandwich d) tortilla e) libras f) mixta g) empanado h) patatas
Hidden word: ensalada
2 +: a, c, f, g −: b, d, e, h

SITUACION C

Comprensión

1 a) Las servilletas están debajo de la mesa. b) Juan está cerca de la puerta. c) No tengo ni sal ni pimienta. d) ¿Dónde están los servicios por favor? e) Los vasos están sobre el bar.
2 a) al lado de b) cerca de c) debajo de d) entre e) dentro de f)sobre
3 a) No me gusta ni la carne ni el pescado. b) No hay ni mostaza ni vinagre. c) No le gusta ni la limonada ni la cerveza. d) La sal no está ni sobre la mesa ni sobre el bar.

Ejercicios

2 a) I don't like mustard. c) The spoon is under the table. d) There is neither salt nor vinegar. e) The fruit machine is at the back.

Unidad 4

SITUACION A

Comprensión

1 True: b, d   False: a, c, e, f

Ejercicios

1 a) £5.70 b) £4.20 c) £3.50 d) free e) £3.00 f) £3.00 g) £15.00

SITUACION B

Comprensión

1 a) no b) sí c) no d) sí e) no f) 14.30 g) 12.00
2 a) cerrado b) junio c) sábado

d) septiembre e) verano f) día festivo

Ejercicios

1 a) 10.20 b) 14.15 c) 20.00 d) 9.30 e) 4.00 f) 16.35 g) 19.50 h) 12.00
2 a) 1.40 b) 2.10 c) 6.25 d) 6.15 e) 8.20 f) 2.00 g) 10.30 h) 12.30

SITUACION C

Comprensión

1 a) el b) la c) el d) el e) el f) los g) el h) las i) la j) la k) el l) el m) la n) el o) el
2 a) pan b) carne c) queso d) café e) fresa f) de g) siento **Hidden word:** pescado

Ejercicios

1 a) 50p b) 70p c) £1.10 d) 60p e) 45p f) 34p g) 95p h) 75p i) 57p j) £1.25 k) 88p l)£1.40

Unidad 5

SITUACION A

Comprensión

1 a, b, d, e, f, j, l, n, o

Ejercicios

2 Yes: 16, 18, 20   No: 15, 17, 19
3 a) Lo siento, el hotel está completo. b) No cuelgue usted. c) Una habitación doble con ducha privada. d) ¿Es de parte de quién? e) Una habitación individual con cuarto de baño.

SITUACION B

Ejercicios

1 a) González b) Jiménez c) Ceres d) Gaduzo e) Carpio f) Urquiza
3 £48, £100, £90, £82, £79, £61, £59

SITUACION C

Comprensión

1 a) sí b) el desayuno c) £54 d) sí e) £72

f) sí g) sí h) sí

2 reservación, hostal, cena, cama, comedor, habitación, aparcamiento, baño, ascensor, hotel, ducha, desayuno, salón, individual, sauna, cocina.

Ejercicios

2 e, c, a, f, b, g, d

U n i d a d 6

SITUACION A

Comprensión

1 True: a, d, g, h   False: b, c, e, f

Ejercicios

1 +: a, e, f   −: b, c, d

SITUACION B

Comprensión

1 i) f r ii) j q iii) h z iv) a x v) g y vi) i w
vii) b u viii) e t ix) c v x) d s

Ejercicios

1 a) straight on, behind b) second left, next to c) at the back of, between d) first right, after, on the left

3 a) iglesia b) librería c) biblioteca d) salón de té e) patio f) torre g) tienda de regalos h) muralla i) exposición j) salida

SITUACION C

Comprensión

2 a) boca b) mano c) brazo d) pierna
e) nariz f) oreja   **Hidden word:** cabeza

Ejercicios

1 True: b, d   False: a, c, e

U n i d a d 7

SITUACION A

Comprensión

1 a) Mazarrón b) Cartagena c) Almería
d) La Manga del Mar Menor e) Mojácar
f) Murcia

2 a) sabe b) conoce c) conoce d) sabe
e) sabe

Ejercicios

2 a) para b) autobús c) tren d) cada e) ida
f) adelantado **Hidden word**: parada

SITUACION B

Comprensión

1 a) Telephone 981 57 42 00 b) 3: 07.25 and 09.25 via Madrid, 07.35 via Barcelona c) 46 450 pesetas d) Madrid e) Once a day, 07.35

2 a) ii b) vii c) v d) iii e) vi f) i g) viii
h) iv

SITUACION C

Comprensión

1 a) 2 900 pts b) 2 000 pts c) 8 500 pts
d) 840 pts

2 a) toys b) jewellery c) ceramics
d) woodturning e) pottery f) silk flowers

Ejercicios

2 No: a, c   No . . . mas: b, d, e

3 a) Quiero una camiseta grande y dos postales. b) Un paquete de diapositivas vale cinco libras. c) ¿Cuántas fotos tiene el carrete? d) Tengo un billete de ida y vuelta. e) El barco sale en quince minutos.

U n i d a d 8

SITUACION A

Comprensión

1 True: a, b, f, g   False: c, d, e

Ejercicios

1 See tapescript p. 190.

SITUACION B

Comprensión

1 Requested: ii) h iii) i iv) c vi) b viii) a x) d
Allowed: ix) g
Banned: i) j v) e vii) f

Ejercicios

1 See tapescript p. 191.

SITUACION C

Comprensión

1 a) indoor bowling green b) cricket pitch
c) for hire d) athletics track e) 18 hole pitch
and putt f) pavilion available for children's
parties g) golf course h) football pitch
i) hard tennis courts j) full sized
2 baloncesto, tenis, campo de golf, piscina,
cajón, tiro con arco, nadador, fútbol, esquí,
casco, judo, deporte, pulsera, badminton, hoyo,
pista.

Unidad 9

SITUACION A

Comprensión

1 a) 12vi b) 14xi c) 6ii d) 10iv e) 13x
f) 3ix g) 8xv h) 4i i) 11viii j) 5xiv k) 15xiii
l) 2xii m) 9v n) 7iii o) 1vii
2 a) D b) H c) S d) A e) M f) Q

SITUACION B

Comprensión

2 a) este b) estas c) esa d) esta e) esas
f) ese g) estas h) esos

SITUACION C

Comprensión

1 Sí: a, b, c, e   No: d, f

2 a) precioso b) regalos c) estante
d) marido e) galletas f) Inglaterra **Hidden
word:** casita

Ejercicios

1 a) paperweights b) candles c) sweets
d) pens e) trays f) postcards g) models
h) bookmarks i) clocks

Unidad 10

SITUACION A

Comprensión

1 a) iii b) ii c) vi d) v e) iv f) i
2 a) arroz b) langostinos c) hamburgesarías
d) platos típicos de España e) cocido
f) mariscos

Ejercicios

1 1) b 2) d 3) e 4) a 5) c 6) f

SITUACION B

Comprensión

1 a) Ha comprado el billete de entrada.
b) Han reservado una mesa en el restaurante.
c) Ha llamado al restaurante 'El Gordo'. d) Ha
tomado la trucha a la plancha. e) Hemos
elegido el vino tinto de la Rioja.
3 a) queso b) flan c) merluza asada d) arroz
con leche e) pollo asado con champiñones
f) gazpacho g) cochinillo h) sopa de
verduras i) gambas al ajillo

Ejercicios

1 Antonio: vegetable soup, roast beef, lemon
sorbet, red wine
María: Florida cocktail, chicken in red wine,
cheese, mineral water
Jorge: egg mayonnaise, grilled salmon,
chocolate gateau, white wine

SITUACION C

Comprensión

1 a) ha hablado b) hemos bebido c) he
abierto d) ha entrado e) han vuelto f) han
ofrecido

2 cena, cuenta, helado, pastel, mesa, huevo, gamba, sopa, pollo, salmón, mayonesa, trucha, repollo, arroz, queso, vino, asado
3 a) No han terminado la cena. b) No he llamado al restaurante. c) No hemos pagado con la tarjeta de crédito. d)No ha reservado una mesa. e) No han elegido el potaje. f) No he pedido la cuenta.

Ejercicios

2 1 paté, 1 cheese
3 See tapescript p. 195.

Unidad 11

SITUACION A

Comprensión

1 1) e 2) c 3) h 4) a 5) d 6) g 7) b 8) f
2 a) ¿dónde? b) cuanto c) ¿cuándo? d) donde e) ¿cómo? f) ¿cuánto?
3 a) explicar b) aula c) centro d) siglo e) trajes f) vida g) juegos h) entrada i) pasar j) puerta k) interesante l) solamente   **Hidden word:** cuestionario

Ejercicios

2 l, e, n, i, c, h, j, m, a, k, f, b, d, g

SITUACION B

Comprensión

1 a) The Potstill bar and two shops. b) A museum and a Tourist Centre. c) By pinpointing their home town on the world map. d) After their visit to the distillery. e) During most of the year. f) The Tour Department.
2 a) April–September, 10.30–18.00. Other months: open until 16.00. b) Christmas Day, New Year's Day c) Adults: £1.25; Children and OAPs: 80p; Children under 5 and disabled: free d) 45 minutes before closing time e) Adults: 80p; Children and OAPs: 60p; West Glamorgan schools: 40p; Babies and disabled: free.

Ejercicios

1 a) often b) always c) never d) sometimes

SITUACION C

Comprensión

1 a) de cachemira azul b) de cocodrilo marrón c) de lana roja d) de cuero negro e) de ante verde
2 i) c ii) e iii) a iv) b v) d
3 a) leather bookmarks b) silver keyrings c) suede wallets d) silk headscarves e) gold earrings

Ejercicios

1 Ana: found a black leather wallet. Pedro: lost a gold lighter. Cristina: lost nothing. Javier: found a blue silk headscarf.
3 b) We have lost some keys. c) Pilar found something in the souvenir shop.

Unidad 12

SITUACION A

Comprensión

1 See tapescript p. 197.
2 True: b, c   False: a, d, e

Ejercicios

1 Mentioned: b, c, f, h
Corrections: a) a buffet for 15   d) a video room   e) photocopying service   g) a room for 100 people.

SITUACION B

Comprensión

1 a) Yes b) A4 20p per sheet, A3 25p per sheet, collation £30.00 c) portable telephone d) yes e) no, Monday to Friday 8 a.m. to 5 p.m. f) yes g) free

Ejercicios

1 See tapescript p. 197.

SITUACION C

Comprensión

1 a) 24 hours a day b) cheques sent to the

hotel or phone booking giving credit card
number   c) 7 p.m.   d) the first night is charged
to the client
2 microfonía, azafata, fax, feria, fecha, carta,
encargado, proyección, teléfono, tablero,
reunión, metro, tarifa, sala

Ejercicios

1 Client 1: Excellent stay, quiet hotel, fast
service, magnificent view of golf course and
castle. Client is delighted, will recommend the
hotel to colleagues.
Client 2: Not happy. Rooms are not comfortable
and have no TV. Meals are expensive and
unappetising. He is going to ask for a reduction.

TEACHER'S NOTES

Assignment 1

Task Two

(Interlocutor's brief)
You are Señor Serrano. You receive a telephone call from a Tourist Information Officer giving you details of hotel accommodation. Ask about the facilities offered: is there a car park/bar/swimming pool, are there baby facilities, and if it is far from the beach.

Task Four

(Interlocutor's brief)
You are a Spanish tourist visiting Dan-yr-Ogof Caves. Ask the accompanying guide questions about the complex: is there a cafeteria/museum/audiovisual centre, how many caves are there, and if there is anything of special interest to see.

Assignment 2

Task One

(Interlocutor's brief)
You are Señor Vereno. You are travelling with your wife and three children and want reasonably priced accommodation in a family room if possible. When the Tourist Information Officer makes a recommendation, ask about the facilities offered, and the proximity to the town centre and its amenities.

Assignment 3

Task One

(Interlocutor's brief)
You are Señor Oñeto from the Colegio Goya in Santander and you want to arrange a visit to the Historic Dockyard in Chatham, Kent. The address of the school is calle Cervantes 47, 39007 Santander. The telephone number is 942.36.92.20. You want to book for a party of 25 pupils and three accompanying adults. You want to visit the Dockyard on Friday 6 April in the morning. Ask for details of entrance prices, dates and times of opening. You will be staying in Dover, so ask how far the Dockyard is from there.

Assignment 4

Task One

(Interlocutor's brief)
Your name is Filomena Bolín phoning on behalf of a group from Hermanos Morena S.A. You would like to book 20 tickets (without seats) for the concert on June 27, and the corresponding number of souvenir programmes. You wish to pay by American Express (Card No.: 2596/3104/9573/1129, Expiry date: end July 1997). Your address is c/Gloria 153, 28004 Madrid: the telephone number is 1.539.67.26.

TAPESCRIPT

Unidad 1

SITUACION A

buenos días   quiero reservar una habitación
por favor/gracias   para una/dos persona(s)
muy bien   ¿cuánto es?   diez libras cada
persona   ¡estupendo!   ¿en qué nombre?   adiós

SR. GARCIA: Buenos días, ¿el Whitesands Bed
    and Breakfast?
EMPLEADA: Sí Señor.
SR. GARCIA: Quiero reservar una habitación, por
    favor.
EMPLEADA: Sí Señor. ¿Para una persona?
SR. GARCIA: No, para dos personas.
EMPLEADA: Muy bien, Señor.
SR. GARCIA: ¿Cuánto es?
EMPLEADA: Diez libras cada persona.
SR. GARCIA: ¡Estupendo!
EMPLEADA: ¿En qué nombre?
SR. GARCIA: García.
EMPLEADA: Gracias Señor.
SR. GARCIA: Gracias y adiós Señora.
EMPLEADA: ¡Adiós! Señor García.

Explicaciones

cero   uno   una   dos   tres   cuatro   cinco   seis
siete   ocho   nueve   diez

cuánto   cinco   diez

Ejercicios

2 gracias   cada   habitación   García   cuánto
explicación
3
– Buenos días Señora.
– Buenos días Señora.
– Quiero una habitación.
– Sí Señora. ¿Para una persona?
– No, una habitación para dos personas.
– Muy bien
– ¿Cuánto es?
– Ocho libras cada persona.
– ¡Estupendo!
– ¿En qué nombre?
– Pinto.
– Gracias Señora.
– Gracias y ¡adiós!

SITUACION B

tengo/tienen   a nombre de   eso es   una
noche   solamente   de acuerdo   con dos camas
individuales   el cuarto de baño   de nada

SR. GARCIA: Buenos días Señora.
EMPLEADA: Buenos días Señor.
SR. GARCIA: Tengo una reservación a nombre de
    García. G–A–R–C–I–A.
EMPLEADA: Sí Señor. Es para dos personas.
SR. GARCIA: Eso es.
EMPLEADA: ¿Es para una noche solamente?
SR. GARCIA: No, para dos noches.
EMPLEADA: Muy bien. Tienen la habitación
    número seis.
SR. GARCIA: De acuerdo.
EMPLEADA: Es una habitación con dos camas
    individuales . . .
SR. GARCIA: Estupendo.
EMPLEADA: . . . con cuarto de baño.
SR. GARCIA: Muy bien. Gracias Señora.
EMPLEADA: De nada Señor.

Explicaciones

A B C CH D E F G H I J K L LL
M N Ñ O P Q R S T U V W X Y
Z

yo   tú   usted   él   ella   nosotros   vosotros
ustedes   ellos   ellas

(yo) tengo   (nosotros) tenemos   (tú) tienes
(vosotros) tenéis   (usted) tiene   (ustedes)
tienen   (él/ella) tiene   (ellos/ellas) tienen

Tengo una reservación.   Tienen la habitación
número seis.

Ejercicios

1 a) m   b) j   c) ch   d) h   e) g   f) i
2 a) noche   b) reservación   c) estupendo   d)
baño   e) solamente   f) hostal

3 7 2 1 4 3 8
5
– Buenos días Señora.
– Buenos días Señor.
– Tengo una reservación.
– ¿En qué nombre?
– Batista. B–A–T–I–S–T–A.

– ¿Es para una noche solamente?
– No, para cuatro noches.
– Muy bien. Tiene la habitación número ocho.
– ¿Es una habitación con cuarto de baño?
– Sí Señor.
– Muy bien. Gracias.
– De nada Señor.

SITUACION C

¿dónde está/están? la puerta a la derecha/
izquierda los servicios detrás de usted para el
desayuno el comedor allí ¿hay un salón?
delante de usted

Sr. Garcia: Por favor, Señora. ¿Dónde está la
habitación número seis?
Empleada: La habitación número seis, es la
puerta a la derecha.
Sr. Garcia: ¿Y el cuarto de baño?
Empleada: El cuarto de baño es la puerta a la
izquierda.
Sr. Garcia: Gracias Señora. ¿Y dónde están los
servicios?
Empleada: Detrás de usted. Para el desayuno,
tiene el comedor.
Sr. Garcia: ¿Dónde está el comedor?
Empleada: Allí Señor.
Sr. Garcia: Muy bien. ¿Hay un salón?
Empleada: Sí, delante de usted.
Sr. Garcia: Gracias Señora.

Ejercicios

1 a) ¿Cuánto es la habitación? b) ¿Dónde está
el comedor? c) Los servicios están a la
izquierda. d) Son Señor y Señora Vázquez.
e) Él está en el cuarto de baño. f) Yo soy Señor
Franco.
3
– Buenos días Señora.
– Buenos días Señora.
– ¿Dónde está la habitación número cuatro, por
favor?
– La habitación número cuatro está a la
izquierda.
– Gracias. ¿Dónde está el salón?
– Es la puerta a la derecha.
– ¿Y el comedor?
– Está detrás de usted.
– Gracias Señora.
– De nada Señora.

Unidad 2

SITUACION A

¿puedo ayudarle? algunos folletos sobre la
región por supuesto hay muchas cosas que
hacer los castillos los museos las
exposiciones

Turista: Buenos días Señor.
Empleado: Buenos días Señora. ¿Puedo
ayudarle?
Turista: Sí Señor. Por favor ¿tiene algunos
folletos sobre la región?
Empleado: Por supuesto Señora. Están allí.
Turista: ¡Estupendo! Señor . . .
Empleado: Sí Señora.
Turista: ¿Hay muchas cosas que hacer?
Empleado: Sí Señora. Puede visitar los castillos,
los museos, las exposiciones, o puede pasear
en el parque.
Turista: ¿Tiene un programa?
Empleado: Sí. Aquí tiene el programa de la
semana.
Turista: Muy bien. Muchas gracias Señor.
Empleado: De nada Señora.

Ejercicios

2 a) ¿Hay algunos castillos en la región? b)
Puedo pasear en el parque. c) Hay un folleto
aquí. d) ¿Hay algunas exposiciones? e) Puede
reservar una habitación. f) Puedo fumar en el
comedor.
4
– Buenos días Señor.
– Buenos días Señor.
– ¿Tiene algunos folletos sobre la región?
– Sí, hay muchos folletos allí.
– Muy bien. ¿Hay muchos museos que visitar?
– Sí. Hay seis museos en la región.
– Gracias. ¿Hay un castillo?
– Sí. Hay un castillo en el parque.

SITUACION B

un plano de la ciudad una guía
(gastronómica) gratis también un centro
deportivo un parque de atracciones llevo
aquí tiene un billete de diez libras su cambio

Turista: Por favor Señor. ¿Tiene un plano de la
ciudad, o una guía?
Empleado: Por supuesto Señora. Aquí tiene un
plano de la ciudad. Es gratis.

TURISTA: Gracias. ¿Tiene una guía también?

EMPLEADO: Hay dos guías. La guía Potters es siete libras y la guía Morton es tres libras veinte.

TURISTA: ¿Las dos son en español?

EMPLEADO: Sí Señora.

TURISTA: ¿Hay una guía gastronómica?

EMPLEADO: Sí Señora, y también hay guías de los centros deportivos y de los parques de atracciones.

TURISTA: ¡Estupendo! Llevo la guía Morton y una guía gastronómica.

EMPLEADO: Son cinco libras veinte.

TURISTA: Aquí tiene un billete de diez libras.

EMPLEADO: Gracias. Su cambio, Señora. ¡Adiós!

Explicaciones

once doce trece catorce quince dieciséis diecisiete dieciocho diecinueve veinte

García guía Gijón general Jerez

Ejercicios

2 La guía Halling es £5.10. La guía Johnson es £3.20. La guía Underwood es £7.15. La guía Peterson es £12.00.

3 gastronómica gimnasio gente águila guía gordo

4

– Buenos días. ¿Tiene un plano de la ciudad?

– Sí. Es gratis.

– ¿Tiene una guía también?

– Por supuesto. Hay dos guías. La guía Wilson es £3.00 y la guía Ellis es gratis.

– ¿Tiene una guía de los centros deportivos?

– Sí. Las guías están allí.

– Llevo la guía Wilson y una guía de los centros deportivos.

– : £4.20.

– : Aquí tiene un billete de cinco libras.

– : Su cambio. ¡Adiós!

SITUACION C

quiero ¿para ir a . . .? ¿está lejos? bastante ¿merece la visita? ¿en tren o en coche? coja la carretera M20 hasta la salida de Leeds entonces siga todo recto la segunda a la izquierda

TURISTA: Buenos días Señora.

EMPLEADA: Buenos días Señor.

TURISTA: Quiero visitar el castillo de Leeds. ¿Está en Essex?

EMPLEADA: No Señor. Está en Kent.

TURISTA: ¿Para ir a Leeds? ¿Está lejos?

EMPLEADA: Sí, bastante lejos.

TURISTA: Pero, ¿merece una visita?

EMPLEADA: Por supuesto. Hay una exposición para los visitantes, y hay también un foso, un restaurante y un museo.

TURISTA: ¿Y para ir al castillo?

EMPLEADA: ¿En tren o en coche?

TURISTA: En coche.

EMPLEADA: Bien. Coja la carretera M20 hasta la salida de Leeds, siga todo recto, y el castillo es la segunda a la izquierda.

TURISTA: Muchas gracias.

EMPLEADA: De nada Señor.

Comprensión

a) Siga todo recto, coja la segunda a la izquierda y entonces la primera a la derecha. b) Coja la primera a la derecha y entonces la tercera a la izquierda. Siga todo recto.

Ejercicios

2 a) Para ir al castillo, coja la primera a la izquierda. b) Para ir al museo, coja la tercera a la izquierda. c) ¿El centro deportivo? Coja la segunda a la derecha. d) Para ir al parque de atracciones, siga todo recto y entonces coja la primera a la derecha. e) ¿La exposición? Coja la segunda a la izquierda.

Unidad 3

SITUACION A

pedir hola ¿qué quiere tomar? un zumo de naranja una cerveza un vaso así tengo sed los niños tienen que ir al jardín ¿por qué? es la ley lo siento

CAMARERA: ¡Hola! ¿Qué quiere tomar?

SR. MARTIN: Buenos días Señora. Quiero . . .

CAMARERA: Sí, pero al bar Señor.

SR. MARTIN: Entonces, quiero dos zumos de naranja, una limonada y una cerveza por favor.

CAMARERA: ¿Una pinta de cerveza?

SR. MARTIN: ¿Una pinta?

CAMARERA: Un vaso así.

SR. MARTIN: Sí, tengo sed.

CAMARERA: Son cuatro libras treinta . . . los niños tienen que ir al jardín.

SR. MARTIN: ¿Por qué?

CAMARERA: Es la ley en Inglaterra Señor, lo siento.

Explicaciones

veinte   treinta   cuarenta   cincuenta   sesenta

Comprensión

2 a) £3.60 b) £3.10 c) £4.60 d) £5.50 e)
£3.40 f) £4.20

Ejercicios

1 Juan: Tengo que comprar una guía. María:
Tengo que llamar a Ana. Pilar: Tengo que
reservar una habitación. Miguel: Tengo que ir
al banco.

2 19 40 20 14 3 50 2 8 16 60 15 30

4
– Hola Señor. ¿Qué quiere pedir?
– Quiero un zumo de naranja y una cerveza por
  favor.
– ¿Quiere una pinta de cerveza?
– Sí. Tengo sed.
– Son dos libras sesenta.
– ¿Los niños tienen que ir al jardín?
– Sí. Lo siento pero es la ley en Inglaterra.

SITUACION B

¿quieren pedir? ¿qué es . . .? un trozo el
pollo empanado una tortilla con una
ensalada mixta las patatas fritas en total

SR. TOMAS: Por favor Señora. ¿Hay un menú por
   favor?
CAMARERA: Sí, por supuesto Señor.
Diez minutos más tarde.
CAMARERA: ¿Quieren pedir Señor, Señora?
SR. TOMAS: ¿Qué es *chicken nuggets*?
CAMARERA: Son trozos de pollo empanado.
SRA. TOMAS: Quiero tomar una tortilla con una
   ensalada mixta.
CAMARERA: Muy bien Señora. ¿Y para usted
   Señor?
SR. TOMAS: No me gusta la tortilla. ¿Hay patatas
   fritas?
CAMARERA: Por supuesto Señor.
SR. TOMAS: Entonces, el pollo con patatas fritas
   para mí.
CAMARERA: Muy bien Señor. Son seis libras
   cuarenta en total.

Comprensión

1 a) ensalada mixta b) tortilla c) trozos de
pollo empanado d) sandwich mixto e) patatas
fritas f) hamburguesa g) bocadillos variados

Ejercicios

1 a) ¿Quieren pedir? b) muy bien c) quiero
un sandwich mixto d) una tortilla por favor e)
son seis libras f) una ensalada mixta g) trozos
de pollo empanado h) patatas fritas

2 a) Tengo que ir al hotel. b) No me gustan
las patatas fritas. c) Llevo la guía
gastronómica. d) No hay un plano de la
ciudad. e) No puedo fumar en el comedor. f)
Es gratis. g) Quiero una ensalada mixta. h)
No hay patatas fritas.

3
– Por favor ¿hay un menú?
– Sí por supuesto.
– ¿Qué es *Cheddar Ploughman's*?
– Es un plato de queso con pan y ensalada.
– Una tortilla con una ensalada mixta para la
  señora.
– Muy bien.
– Y para mí, una hamburguesa.
– ¿Quiere patatas fritas?
– No, una ensalada también.
– Muy bien. Son cinco libras treinta en total.

SITUACION C

el catchup ni . . . ni el tenedor el cuchillo
perdón la mesa al lado del bar la sal y la
pimienta al fondo entre la máquina
tragaperras el distribuidor de cigarrillos

CAMARERA: Entonces, el pollo y la ensalada para
   el señor y la señora.
SR. RUIZ: Gracias.
CAMARERA: Y una hamburguesa con patatas
   fritas para el niño.
MIGUEL: Gracias. Señora, no tengo catchup.
SR. RUIZ: Y no tengo ni tenedor ni cuchillo.
CAMARERA: Perdón. Todo está sobre la mesa al
   lado del bar.
SR. RUIZ: ¿La sal y la pimienta?
CAMARERA: Allí también.
SRA. RUIZ: ¿Dónde están los servicios?
CAMARERA: Los servicios están allí al fondo. La
   puerta está entre la máquina tragaperras y el
   distribuidor de cigarrillos.
SRA. RUIZ: Gracias Señora.

Ejercicios

1
– Perdón Señora, no hay sal.
– La sal está sobre la mesa cerca de la puerta.
– Gracias. ¿Dónde están los servicios?
– Están al fondo al lado del distribuidor de
  cigarrillos.
– ¿Y el teléfono?

– Está al lado del bar a la derecha.
– Gracias Señora.
– De nada.
2 a) No me gusta la mostaza.   b) La servilleta está cerca del tenedor.   c) La cuchara está debajo de le mesa.   d) No hay ni sal ni vinagre. e) La máquina tragaperras está al fondo.   f) Miguel está al lado de Cristina.

Unidad 4

SITUACION A

¿tienen entradas reservadas?   ¿cuántas personas son?   un bebé   soy estudiante   un pensionista ¿cuánto vale?

EMPLEADA: ¿Es un grupo? ¿Tienen entradas reservadas?
TURISTA: No.
EMPLEADA: ¿Cuántas personas son?
TURISTA: Cinco adultos, tres niños y un bebé.
ESTUDIANTE: Soy estudiante.
EMPLEADA: Entonces, cuatro adultos, tres niños y un estudiante.
TURISTA: Dos de los adultos son pensionistas.
EMPLEADA: Dos adultos, dos pensionistas, un estudiante y tres niños.
TURISTA: Eso es. ¿Cuánto vale?
EMPLEADA: Veintinueve libras cincuenta por favor.
TURISTA: Y una guía por favor.
EMPLEADA: ¿En español?
TURISTA: Sí.
EMPLEADA: Vale tres libras. Son treinta y dos libras cincuenta en total. Gracias Señor.

Explicaciones

veintiuno   veintidós   veintitrés   veinticuatro veinticinco   veintiséis   veintisiete   veintiocho veintinueve   treinta y uno   cuarenta y uno cincuenta y uno   sesenta y uno   setenta ochenta   noventa   cien   ciento   ciento cincuenta doscientos

treinta y dos libras cincuenta   cincuenta peniques

Comprensión

1 a) El grupo tiene entradas reservadas.   b)Son cinco adultos, tres niños y un bebé.   c) Dos personas del grupo son estudiantes.   d) Dos personas del grupo son pensionistas.   e) El

bebé tiene que pagar la entrada.   f) El señor tiene que pagar treinta y cuatro libras en total.
2 a) 250 pesetas   b) 125 pesetas   c) 50 pesetas d) 125 pesetas

Ejercicios

1 Las entradas son las siguientes: adultos, billete individual: £5.70; pensionistas, estudiantes y minusválidos: £4.20; niños de 4 a 15 años: £3.50; niños menores de 4 años: gratis. Hay también una entrada especial para grupos de 12 personas y grupos escolares: £3.00; y la entrada familial (dos adultos y tres niños): £15.00.

SITUACION B

dígame   una sala   el domingo   la sociedad   la comida   la cena   una pequeña alteración   un diputado   en lugar de

EMPLEADO: Leeds Castle, dígame.
SRA. ISLA: Quiero confirmar mi reservación para una sala por favor.
EMPLEADO: Sí, ¿su nombre por favor?
SRA. ISLA: Isla, de la sociedad Benamar.
EMPLEADO: Un momento . . . llegan el domingo, no?
SRA. ISLA: Sí, a las diez. ¿Puede confirmar las horas de las comidas por favor?
EMPLEADO: La comida es a las doce y treinta, y la cena a las diecinueve horas.
SRA. ISLA: Gracias. Hay también una pequeña alteración.
EMPLEADO: ¿Sí?
SRA. ISLA: Hay veintitrés diputados.
EMPLEADO: Entonces, veintitrés en lugar de veintidós.
SRA. ISLA: Eso es.
EMPLEADO: ¿Llegan en autocar?
SRA. ISLA: Sí. Llegamos a Gatwick a las ocho.
EMPLEADO: ¡Buen viaje! Hasta el domingo Señora Isla.
SRA. ISLA: Gracias Señor. ¡Adiós!

Explicaciones

Son las 7h   Son las 8h15   Son las 9h30   Son las 10h45   Son las 18h   Son las 19h10   Son las 20h35   Son las 21h50   Son las 12h (es mediodía)   Son las 12h (es medianoche)   Es la una

lunes   martes   miércoles   jueves   viernes sábado   domingo

Comprensión

3 enero   febrero   marzo   abril   mayo   junio

julio agosto septiembre octubre
noviembre diciembre primavera verano
otoño invierno

Ejercicios

1 a) 10.20 b) 14.15 c) 20.00 d) 9.30 e)
4.00 f) 16.35
2 a) 1.40 b) 2.10 c) 6.25 d) 6.15 e) 8.20 f)
2.00 g) 10.30 h) 12.30
3
– Buenos días. ¿El castillo de Floors?
– Sí. ¿Puedo ayudarle Señor?
– ¿Cuándo está abierto el castillo en alta
  temporada?
– El castillo está abierto todos los días.
– ¿Y en temporada baja?
– El castillo está abierto los domingos y los
  miércoles.
– ¿El castillo está abierto hasta las 18h en julio?
– No, está abierto hasta las 17.30.
– Gracias.
– De nada Señor. ¡Adiós!

SITUACION C

la carne picada el puré de patatas una tarta
un riñón una jarra un café solo/con leche el
pan un bizcocho la caja

PEDRO: Perdón Señorita. ¿Qué es el *cottage pie*?
CAMARERA: Es carne picada con puré de patatas.
PEDRO: ¿Y el *steak and kidney pie*?
CAMARERA: Es una tarta de carne y riñones.
PEDRO: Entonces no. Prefiero el pescado con
  patatas fritas.
CAMARERA: ¿Té? ¿Café?
PEDRO: Una jarra de agua y un café por favor.
CAMARERA: ¿Un café solo o con leche?
PEDRO: Un café solo por favor. ¿Hay pan?
CAMARERA: No Señor, lo siento. Hay bizcochos
  para tomar con el queso.
PEDRO: Gracias, no. Es todo.
CAMARERA: Son cinco libras ochenta y cinco
  Señor. Tiene que pagar en la caja.

Comprensión

2 a) no hay pan b) carne picada c) me gusta
el queso d) un café solo e) un helado de
fresa f) de nada g) lo siento

Ejercicios

1 un zumo de naranja: 70p un sandwich
mixto: 95p una tortilla: £1.40 una botella de
cerveza: £1.10 un té: 34p un potaje: £1.25

una salchicha: 88p una limonada: 50p patatas
fritas: 57p agua mineral: 60p bocadillo: 75p
café: 45p
2
– Son once libras diez en total Señor.
– ¡Pero es imposible! ¡Hay un error!
– Un potaje con pan, un *cottage pie*, un pescado
  con patatas fritas, un agua mineral, un zumo
  de naranja, un helado y dos cafés: son once
  libras diez.
– Sí, lo siento. Tiene razón, no hay ningún
  error.

Unidad 5

SITUACION A

hacer una reservación no cuelgue usted le
pongo con una ducha desde . . . hasta no . . .
ninguna otro/otra el barrio

TURISTA: Buenas tardes Señora.
RECEPCIONISTA: Buenas tardes Señor. ¿Puedo
  ayudarle?
TURISTA: Sí. Quiero hacer una reservación por
  favor.
RECEPCIONISTA: No cuelgue usted. Le pongo con
  el servicio de reservaciones.
RESERVACIONES: Dígame Señor. ¿Quiere reservar
  una habitación?
TURISTA: Sí. Cuatro habitaciones, dos para dos
  personas con cuarto de baño, y dos para una
  persona con ducha, desde viernes el día
  veintidós hasta el lunes día veinticinco.
RESERVACIONES: Lo siento, pero el hotel está
  completo el sábado. No hay ninguna
  habitación para dos personas.
TURISTA: ¿Hay otros hoteles en el barrio?
RESERVACIONES: Por supuesto. Hay el hotel
  Green Forest, y el hotel Oak Tree.
TURISTA: ¿Tiene los números de teléfono?
RESERVACIONES: Sí Señor. El hotel Green Forest
  es el 235507, y el hotel Oak Tree es el
  239631.
TURISTA: Gracias Señora.
RESERVACIONES: De nada Señor. ¡Adiós!

Explicaciones

no cuelgue usted dígame le pongo con ¿es
de parte de quién? un momento por favor

el día 12 de julio el día 25 de abril desde el
día 22 (de junio) hasta el día 29 (de agosto)

Ejercicios

1 Buenas tardes. Mi nombre es Núñez: N–U–Ñ–E–Z. Quiero reservar dos habitaciones con desayuno desde el día 13 de noviembre hasta el día 16 inclusivo. Son dos habitaciones individuales con ducha privada, y una habitación doble con cuarto de baño. Mi dirección es Calle Fernández 49, El Burgo, La Coruña. El número de teléfono es el 91 46 32 19.

2 a) Quiero una habitación doble con ducha privada miércoles el día 19.   b) Quiero reservar una habitación individual con cuarto de baño martes el día 18.   c) Quiero una habitación individual con ducha privada jueves el día 20.   d) Quiero una habitación doble con cuarto de baño lunes el día 17.   e) Quiero una habitación doble con ducha privada domingo el día 16.   f) Quiero una habitación individual con cuarto de baño sábado el día 15.

SITUACION B

¿es para qué día?   una cama matrimonial   una de cada   ¿puede repetir por favor?   se oye mal   está notado

SRA. BRAVO: Buenas tardes Señor. Quiero hacer una reservación por favor.

RECEPCIONISTA: Sí Señora. ¿Para cuántas personas?

SRA. BRAVO: Para ocho personas. Quiero dos habitaciones dobles con cuarto de baño, una habitación individual con cuarto de baño, y tres habitaciones individuales con ducha privada.

RECEPCIONISTA: ¿Es para qué día?

SRA. BRAVO: Desde jueves el día nueve de febrero hasta el día quince inclusivo. Siete noches en total.

RECEPCIONISTA: ¿Prefiere habitaciones con camas individuales o con una cama matrimonial?

SRA. BRAVO: Una de cada por favor.

RECEPCIONISTA: Muy bien Señora.

SRA. BRAVO: ¿Cuánto vale?

RECEPCIONISTA: La habitación doble setenta y cinco libras cada noche, la habitación individual con cuarto de baño cincuenta y tres libras, y la habitación individual con ducha privada cuarenta y seis libras. ¿Es en qué nombre por favor?

SRA. BRAVO: Ana Bravo. B–R–A–V–O.

RECEPCIONISTA: ¿Puede repetir por favor? Se oye mal.

SRA. BRAVO: B–R–A–V–O.

RECEPCIONISTA: Muy bien. Está notado. Muchas gracias Señora.

SRA. BRAVO: Gracias y adiós Señor.

Comprensión

1 Buenos días. Soy Señor Sánchez, S–A–N–C–H–E–Z. Quiero reservar cuatro entradas de teatro para 'The Taming of the Shrew' viernes el día 14 de mayo a las diecinueve horas y treinta. Quiero dos billetes al precio normal y dos al precio reducido, todos de la categoría B. Mi dirección es Calle Farmacia 50, 31001 Murcia. El número de teléfono es el 745430.

Ejercicios

1 a) G–O–N–Z–A–L–E–Z b) J–I–M–E–N–E–Z c) C–E–R–E–S d) G–A–D–U–Z–O e) C–A–R–P–I–O f) U–R–Q–U–I–Z–A

2 a) el día 11 de febrero b) el día 25 de marzo c) el día 4 de julio d) el día 30 de enero e) el día 19 de agosto f) el día 6 de diciembre g) el día 23 de octubre h) el día 15 de junio

3 £48 £100 £90 £82 £79 £61 £59

4
– Buenos días Señor. Quiero hacer una reservación.
– ¿Para cuántas personas y en qué día?
– Para una persona, el día 12 de mayo.
– Lo siento, pero el hotel está completo.
– ¿Y el día 13 de mayo?
– Hay una habitación individual con ducha privada el día 13.
– Muy bien. ¿Cuánto es?
– Es £64 el desayuno incluído.
– Estupendo!
– ¿En qué nombre?
– Señora María Mateo.
– M–A–T–E–O. Gracias Señora.

SITUACION C

en el piso bajo   una mujer   una silla de ruedas   estar a dieta especial   ¿hay que . . .?   rellenar un formulario   está a diez minutos de aquí   ¡buen paseo!

TURISTA: Buenos días Señorita. Quiero reservar una habitación para dos personas.

RECEPCIONISTA: Buenos días Señor. ¿Una habitación con ducha privada o cuarto de baño?

TURISTA: Una habitación con cuarto de baño en el piso bajo, si es posible. Mi mujer es minusválida. Está en una silla de ruedas.

RECEPCIONISTA: Por supuesto Señor. El
restaurante y el bar están en el piso bajo
también.

TURISTA: Muy bien.

RECEPCIONISTA: ¿Su mujer está a dieta especial?
Hay platos para dietas especiales en nuestro
restaurante.

TURISTA: ¡Estupendo! ¿Cuánto es la habitación?

RECEPCIONISTA: Ochenta y nueve libras Señor.

TURISTA: ¿Hay que rellenar un formulario?

RECEPCIONISTA: Sí por favor.

TURISTA: Para ir al centro, ¿está lejos?

RECEPCIONISTA: No, está a diez minutos de aquí
Señor.

TURISTA: Muy bien. Tengo que ir al banco.

RECEPCIONISTA: ¡Buen paseo Señor!

Ejercicios

1 a) Hay que coger el ascensor. b) Hay que
reservar una habitación. c) Hay que coger la
segunda a la derecha. d) Hay que comprar un
billete de entrada.

3
– Buenas tardes Señor.
– Buenas tardes Señora.
– Quiero reservar una habitación por favor.
– ¿Una habitación individual o doble?
– Una habitación doble.
– Hay que rellenar el formulario.
– ¿El centro de la ciudad está lejos?
– Está a cinco minutos.
– Gracias.
– De nada.

U n i d a d   6

SITUACION A

¿es más barato? niños menores de 5 años la
tarjeta de crédito firmar aquí tiene siga las
señales hasta el aparcamiento

CLIENTE: Entradas para dos adultos y tres niños
por favor.

EMPLEADA: ¿Quiere un billete familiar?

CLIENTE: ¿Qué es?

EMPLEADA: Un billete especial para dos adultos y
dos niños.

CLIENTE: ¿Es más barato?

EMPLEADA: Sí. Dieciocho libras en lugar de
veintiuna.

CLIENTE: Pero tenemos tres niños.

EMPLEADA: ¿Son menores de cinco años?

CLIENTE: No. Uno es menor de cinco años.

EMPLEADA: La entrada para niños menores de
cinco años es gratis.

CLIENTE: Un billete familiar entonces. ¿Puedo
pagar con la tarjeta de crédito?

EMPLEADA: Sí por supuesto. Firme aquí. Aquí
tiene su billete, su tarjeta y su plan del
parque. Siga las señales hasta el
aparcamiento.

Ejercicios

1 a) ¿Y los sábados? Es más caro. b) ¿Y para los
pensionistas? Es más barato. c) ¿Y un billete
familiar? Es más barato. d) ¿Y para los
minusválidos? Es más barato. e) ¿Y los
miércoles? Es más caro. f) Y la visita al castillo y
al parque? Es más caro.

2
– Buenos días. ¿Cadbury World?
– Sí. Dígame.
– ¿El centro está abierto el día 23 de
septiembre?
– Sí, el centro está abierto.
– ¿Está abierto a qué hora?
– Está abierto desde las nueve horas hasta las
diecisiete horas.
– ¿Cuánto es la entrada?
– ¿Es para un adulto?
– ¿Hay una entrada especial para grupos?
– Sí. Los grupos de veinte personas tienen que
reservar por adelantado.
– ¿Hay un billete familiar?
– Sí, un billete familiar es trece libras.
– ¿Hay un restaurante?
– Sí hay un restaurante.
– Gracias Señorita.
– De nada. Adiós Señor.

SITUACION B

delante de usted dar información esperar
entendido buscar el tren fantasma la tienda
de regalos el edificio principal

TURISTA 1: Perdón Señor. ¿Dónde están los
servicios por favor?

EMPLEADO: Coja la segunda a la derecha y los
servicios están delante de usted.

TURISTA 1: Gracias Señor.

TURISTA 2: Perdón, ¿el snack bar por favor?

EMPLEADO: Está detrás del museo, la tercera
puerta a la izquierda.

TURISTA 2: De acuerdo. Gracias.

TURISTA 3: ¿El autobús para ir al zoo por favor?

EMPLEADO: Espere aquí. El autobús llega en
cinco minutos.

Turista 3: Entendido.

Turista 4: Busco la exposición 2000.

Empleado: Está al fondo del parque, cerca del restaurante.

Turista 4: Muchas gracias Señor.

Turista 5: ¿El tren fantasma por favor?

Empleado: Siga todo recto.

Turista 6: ¿Dónde está la tienda de regalos?

Empleado: En el edificio principal, al lado de los servicios.

Comprensión

2 a) siga todo recto b) detrás de usted c) cerca del aparcamiento d) espere aquí e) coja la izquierda f) delante de usted

Ejercicios

1 a) ¿El aparcamiento? Siga todo recto, y está detrás del edificio principal. b) ¿La exposición? Coja la segunda a la izquierda, y está al lado del restaurante. c) ¿El laberinto? Está al fondo del parque, entre el río y el zoo. d) ¿La guardería? Coja la primera a la derecha y después del café, está a la izquierda.

2 a) ¿Dónde está el cine por favor? Delante de usted al lado de la biblioteca. b) ¿Dónde está el salón de té por favor? Coja la derecha y después de la tienda, está a la derecha. c) ¿Dónde está la Torre Blanca por favor? Está a la derecha del castillo. d) ¿Dónde está la iglesia por favor? Al fondo del patio a la derecha. e) ¿Dónde está la salida por favor? A la derecha entre el salón de té y la exposición. f) ¿Dónde está la librería por favor? Entre la oficina de información y el salón de té.

SITUACION C

el puesto de socorro ¿qué pasa? estar herido/a grave estar sentado/a la rodilla se ha caído andar voy a buscar vuelvo enseguida una enfermera

Empleado: ¿Hay un problema? ¿Puedo ayudarle?

Turista: Busco el puesto de socorro.

Empleado: ¿Qué pasa?

Turista: Mi mujer está herida.

Empleado: ¿Es grave? ¿Dónde está? ¿Hay que llamar una ambulancia?

Turista: No. No es muy grave. Está sentada allí. Es su rodilla. Se ha caído.

Empleado: ¿Puede andar?

Turista: No. Le duele mucho.

Empleado: Bien. Espere aquí. Voy a buscar

ayuda. Vuelvo enseguida con una enfermera.

Turista: Muchas gracias.

Comprensión

una oreja la cabeza un ojo la nariz la boca el pecho el estómago la pierna la mano el pie el brazo el cuello

Ejercicios

1 a) Le duele la cabeza b) Le duele el estómago c) Le duele la mano d) Le duele la pierna e) Le duele la boca

2 Espere allí. Voy al puesto de socorro. Voy a buscar un médico. Voy a llamar una ambulancia.

3
– ¿Qué pasa?
– Me duele la pierna.
– ¿Es grave?
– Me duele mucho. ¿Puede buscar ayuda por favor?
– ¿Hay que llamar una ambulancia?
– Sí, y un médico también.
– Vuelvo enseguida.

Unidad 7

SITUACION A

saber cada quince minutos ¿cuánto tiempo dura? alrededor de hay varias paradas bajar de nuevo mismo/a el trayecto por adelantado

Empleada: Rover Tours, dígame. ¿Puedo ayudarle?

Sr. Alvarez: Buenos días Señora. Quiero saber si hay excursiones de Londres en autobús.

Empleada: Por supuesto. Hay un autobús cada quince minutos.

Sr. Alvarez: ¿Y cuánto tiempo dura?

Empleada: Depende. La excursión directa dura alrededor de una hora y media. Pero hay varias paradas donde puede bajar. Entonces puede coger el autobús de nuevo en la misma parada para seguir el trayecto.

Sr. Alvarez: Muy bien. ¿Cuánto es?

Empleada: Seis libras para los adultos y cuatro libras cincuenta para los niños. Tiene que comprar los billetes por adelantado.

Sr. Alvarez: Gracias Señora. Es usted muy amable.

Empleada: De nada Señor. ¡Adiós!

Comprensión

2 a) ¿Sabe dónde está la parada de autobus?
b) Conoce muy bien el museo de Londres.
c) No conoce a mi mujer, Juana. d) Sabe que
el billete es de ida y vuelta. e) No sabe cuánto
tiempo dura la excursión.

Ejercicios

1
– Dígame. ¿Puede ayudarle?
– Quiero saber a qué hora salen los autobuses
  para Alcalá.
– Los autobuses salen cada quince minutos,
  desde las seis horas y quince hasta las
  veintitrés horas cuarenta y cinco.
– ¿Y de dónde salen los autobuses?
– Salen de la Avenida de América.
– ¿Y a qué hora sale el último autobús de Alcalá
  a Madrid?
– A las veintitrés horas.
– ¿Y los trenes? ¿De qué estaciones salen los
  trenes para Alcalá?
– Desde las estaciones de Chamartín, Nuevos
  Ministerios, Recoletos y Atocha.
– ¿A qué hora sale el primer tren?
– A las cinco horas y treinta.
– Gracias. Es usted muy amable.
– De nada. ¡Adiós!
2 a) ¿A qué hora sale el tren para
Barcelona? b) El autobús llega en cinco
minutos. c) El tren sale a las diez horas y
treinta. d) Hay autobuses cada veinte
minutos. e) Es un billete de ida y vuelta.
f) Tiene que comprar los billetes por
adelantado.

SITUACION B

un barco el Támesis un billete sencillo un
billete de ida y vuelta un descuento de un 10
por ciento un recibo próximo salir el
muelle

TURISTA: Buenos días Señora. ¿Hay que coger el
  barco para Greenwich aquí?
EMPLEADA: Eso es Señor. ¿Cuántas personas son?
TURISTA: Somos veinte adultos y diez niños.
EMPLEADA: ¿Billetes sencillos o de ida y vuelta?
TURISTA: De ida y vuelta por favor.
EMPLEADA: Entonces, son seis libras cada adulto
  y cuatro libras cada niño.
TURISTA: ¿Hay que pagar para el bebé?
EMPLEADA: No, es gratis para los niños menores
  de cinco años. Hay también un descuento de
  un diez por ciento. Es la tarifa de grupo.
TURISTA: ¿Puedo pagar con el Eurocheque?

EMPLEADA: Por supuesto Señor. Firme aquí por
  favor. Gracias. Aquí tiene su recibo. El
  próximo barco sale en dos minutos. Pase al
  muelle por favor.

Ejercicios

1
– Buenos días. ¿A qué hora sale el barco para
  Southend desde Strood por favor?
– A las nueve.
– ¿Y a qué hora llega a Southend?
– A las once.
– ¿A qué hora vuelve el último barco de
  Southend?
– A las diecisiete horas.
– ¿A qué hora llega a Strood?
– A las diecinueve horas.
– ¿Hay excursiones el domingo en agosto, y a
  qué hora?
– Sí, el barco sale de Strood a las diez y llega a
  Southend al mediodía. Vuelve a las
  diecinueve horas y llega a Strood a las
  veintiuna horas.
– ¿Cuánto son los billetes de ida y vuelta?
– Los billetes de ida y vuelta son ocho libras
  cincuenta para los adultos, seis libras
  cincuenta para los pensionistas, y cuatro
  libras cincuenta para los niños menores de
  doce años. Es gratis para los niños menores
  de dos años.
– ¿Y los billetes sencillos?
– Los billetes sencillos son cuatro libras
  cincuenta para los adultos, y tres libras para
  los niños.
– ¿Qué es el horario de días festivos?
– El horario es lo mismo que los días de la
  semana.

SITUACION C

una camiseta ¿qué tallas tiene? pequeño
mediano grande una postal no . . . más un
paquete de diapositivas un carrete . . . . . . de
24 o 36 fotos

SRA. VIÑAS: Perdón Señor. ¿Cuánto valen las
  camisetas?
EMPLEADO: Ocho libras sesenta y cinco, Señora.
SRA. VIÑAS: ¿Qué tallas tiene?
EMPLEADO: Para los adultos, pequeño, mediano
  y grande. Tenemos también tallas para niños.
SRA. VIÑAS: Llevo dos: una grande y una
  mediana. Llevo también cuatro postales.
EMPLEADO: Lo siento Señora. No hay más tallas
  grandes.
SRA. VIÑAS: No importa, llevo dos medianas.

Quiero también un paquete de diapositivas y un carrete.

EMPLEADO: Muy bien Señora. ¿Un carrete de veinticuatro o de treinta y seis fotos?

SRA. VIÑAS: Un carrete de treinta y seis fotos. ¿Cuánto es el total?

EMPLEADO: Veintiuna libras treinta Señora.

SRA. VIÑAS: Aquí tiene mi tarjeta de crédito.

EMPLEADO: Gracias Señora.

Comprensión

1 a) 2900 pesetas b) 2000 pesetas c) 8500 pesetas d) 840 pesetas

Ejercicios

1
– Quiero tres camisetas pequeñas y dos grandes por favor. ¿Cuánto valen?
– Lo siento. No hay más camisetas grandes. Las camisetas valen cinco libras.
– No importa. Llevo tres pequeñas y dos medianas entonces. ¿Hay postales?
– Sí. Valen veinticinco peniques.
– Llevo seis entonces. ¿Tiene sellos?
– No. Hay que ir a Correos.
– ¿Cuánto vale un paquete de diapositivas?
– Vale cuatro libras veinticinco.
– Llevo uno. ¿Cuánto es en total?
– Treinta libras y setenta y cinco por favor.
2 a) No hay más dinero. b) No hay carretes.
c) No hay camisetas. d) No hay más postales.
e) No hay más diapositivas.

Unidad 8

SITUACION A

una pista de tenis mañana por la mañana
pasado mañana ¿para llegar a . . .? una señal
marrón cruce el puente junto a la playa a
pie

CLIENTE: Buenos días. ¿Es el Hillside Sports Centre?

EMPLEADA: Sí Señor. ¡Dígame!

CLIENTE: Quiero reservar una pista de tenis. ¿Hay pistas disponibles mañana por la mañana?

EMPLEADA: No, lo siento, están todas reservadas. ¿Pasado mañana por la tarde?

CLIENTE: Sí muy bien. ¿Y para llegar al club por favor?

EMPLEADA: En coche, tiene que seguir la carretera A380 en dirección de Torquay, y hay una señal marrón . . .

CLIENTE: Voy en tren.

EMPLEADA: Entonces, desde la estación, cruce el puente, y el club está en la calle Esplanade, junto a la playa. Está al lado del teatro y del casino.

CLIENTE: ¿Está lejos?

EMPLEADA: No, está a trescientos metros, es cinco minutos a pie.

CLIENTE: Muchas gracias Señora.

Ejercicios

1 e.g. ¿Va al teatro esta tarde? (mañana) No, va al teatro mañana.
a) ¿Va al centro deportivo mañana? No, va al centro deportivo hoy. b) ¿Coge el tren hoy? No, coge el tren pasado mañana. c) ¿Visita el castillo mañana por la tarde? No, visita el castillo mañana por la mañana. d) ¿Compra los regalos esta mañana? No, compra los regalos esta tarde. e) ¿Llega hoy? No, llega mañana por la tarde.
2
– Centro deportivo, ¡dígame!
– Buenos días. Quiero participar en la escuela de tiro con arco. ¿Es posible?
– Sí, por supuesto. Su nombre y dirección por favor.
– Soy Miguel Morales: M–O–R–A–L–E–S. Mi dirección es calle Luz 18, 28804 Alcalá de Henares. ¿Cuándo empiezan las clases?
– Las clases empiezan el día uno de octubre. ¿Quiere información sobre el curso de esquí?
– No, pero quiero recibir información sobre las competiciones de ajedrez.
– Sí por supuesto, las competiciones empiezan el día 20 de octubre.
– Muchas gracias. Es usted muy amable.
– De nada Señor. ¡Adiós!

SITUACION B

la pulsera sacar los zapatos avisamos el color
cambiamos el vestuario poner la ropa en un
cajón no empujar ¿podemos echarnos de
cabeza? saltar cuidado la ola

EMPLEADO: Vuestros billetes por favor. ¡Pasar por aquí! Aquí tenéis las pulseras. Sacar los zapatos antes de entrar, por favor.

NIÑA: ¿Por qué tenemos que llevar las pulseras?

EMPLEADO: Tenéis que salir de la piscina cuando avisamos el color de vuestras pulseras. Cambiamos de color cada media hora.

NIÑA: ¿Dónde están los vestuarios?

EMPLEADO: Niñas por aquí, niños por allí. Poner la ropa en los cajones.

Niña: ¿Cuánto es?

Empleado: Cincuenta peniques. No perder la llave. Por favor, no empujar, ¡uno a la vez!

Niña: ¿Podemos echarnos de cabeza o saltar?

Empleado: Sí, en la piscina especial. Y cuidado, hay olas cada veinte minutos.

Ejercicios

1 a) No comprar cigarillos b) No coger la izquierda c) No saltar en la piscina d) No llevar zapatos e) No perder las llaves f) No empujar

2

– Buenos días Señor. ¿Quiere entradas para la piscina?

– Sí, dos adultos y dos niños.

– Lo siento, la piscina está cerrada hasta el mediodía.

– ¿Está abierta por la tarde?

– Está abierta hasta las veinte horas.

– ¿Podemos entrar a las diecinueve horas?

– No es posible hoy porque la piscina está abierta exclusivamente para los adultos después de las dieciocho horas y cuarenta y cinco.

– ¿Y mañana?

– Está abierta desde el mediodía hasta las diecisiete horas.

– Muchas gracias.

– De nada. ¡Adiós!

SITUACION C

un aviso al público un nadador no entiendo inexperto un silbato un ejercicio en caso de incendio afuera una manta térmica rogamos

(Después de un aviso al público)

Nadador: ¿Perdón? ¿Qué dice? No entiendo . . .

Empleado: Llamamos a los nadadores con pulseras amarillas. Tienen que salir ahora. Y anunciamos también las olas. Los nadadores inexpertos tienen que ir junto al borde de la piscina.

(Silbato y aviso)

Nadador: ¿Qué pasa? Todo el mundo sale.

Empleado: Sí, es un ejercicio en caso de incendio. Siga los otros afuera.

Nadador: ¿Puedo ir al vestuario?

Empleado: ¡No! Salga inmediatamente así.

Nadador: Pero tengo frío . . .

Empleado: Aquí tiene una manta térmica. Hay que salir inmediatamente. Rogamos a los clientes esperar delante de la puerta principal.

Comprensión

1 a) prado cubierto para jugar a las bochas b) campo de críquet c) se alquila d) pista atlética e) minigolf de 18 hoyos f) pabellón disponible para fiestas de niños g) campo de golf h) campo de fútbol i) pistas de tenis de barro j) de tamaño natural

Ejercicios

1

– Buenos días. ¿El centro Deangate Ridge?

– Sí Señor. ¡Dígame!

– Quiero reservar una pista de tenis mañana por la tarde. ¿Son pistas de hierba?

– No, son pistas de barro. Hay una pista disponible a las quince horas.

– Muy bien. ¿Qué otras facilidades de ocio hay en el centro?

– Hay un campo de golf, y de minigolf, dos campos de fútbol, un campo de críquet, una pista atlética y un prado cubierto para jugar a las bochas.

– ¿Hay un restaurante?

– Por supuesto. Hay platos variados y bebidas alcohólicas disponibles.

– ¿Y dónde está exactamente? Vengo de Chatham en coche.

– Siga la carretera A2 hasta Strood y coja la derecha hasta Hoo, es la carretera A228. Entonces, coja la izquierda, en la calle Duxcourt, y el centro está a la izquierda.

– Muchas gracias. Es usted muy amable.

– De nada. ¡Adiós!

Unidad 9

SITUACION A

el museo de lúpulo una plaza una tienda (de campaña) una tienda de alimentación la leche una variedad los alimentos recibir fresco diariamente

Turista: Buenos días. ¿Sunnyvale Campsite? Quiero reservar una plaza el en camping para una tienda por favor.

Recepcionista: ¿Para cuántos días?

Turista: Para solamente dos días. ¿Cuánto es al día?

Recepcionista: ¿Para cuántas personas? ¿Tiene un coche?

Turista: Somos tres personas en coche.

RECEPCIONISTA: Entonces, la plaza para una tienda es seis libras, el coche es dos libras cincuenta, y es dos libras cada persona.

TURISTA: ¿Qué servicios hay en el camping?

RECEPCIONISTA: Hay duchas, una tienda de alimentación, y una área de recreo para los niños. También hay electricidad si quiere, pero tiene que pagar un suplemento.

TURISTA: ¿Puedo comprar pan y leche por las mañanas?

RECEPCIONISTA: Por supuesto. Hay una variedad de alimentos. Recibimos pan y leche fresca diariamente.

Comprensión

2 a) El periódico sale diariamente. b) El tren sale cada hora. c) El barco llega semanalmente. d) La fiesta de San Fermín ocurre anualmente. e) Pago las facturas mensualmente. f) Voy al cine quincenalmente.

Ejercicios

1
– Buenos días Señora. Quiero una plaza en el camping por favor.
– ¿Es para una tienda o una caravana?
– Es para una caravana.
– ¿Para cuántas personas y cuántas noches en total?
– Cuatro personas para dos noches. ¿Cuánto es?
– Once libras cada noche y la entrada a la granja está incluida en el precio.
– ¿El camping está lejos de la granja?
– No, pero está lejos si va a pie.
– ¿Qué servicios hay?
– Hay nuevas instalaciones sanitarias y de agua en el camping.
– Muchas gracias Señora.
– De nada.

SITUACION B

al aire libre este verano una diferencia de precio comprado las más caras ¿puede enviarme . . .?

TURISTA: Buenos días.

RECEPCIONISTA: Sí Señor. ¿Puedo ayudarle?

TURISTA: Sí Señorita. ¿Hay algunos conciertos de música popular al aire libre este verano?

RECEPCIONISTA: Sí, desde el día veintitrés de julio hasta el día veinticinco.

TURISTA: ¿A qué hora?

RECEPCIONISTA: A las diecinueve horas.

TURISTA: Muy bien. ¿Y hay otros conciertos?

RECEPCIONISTA: Sí, hay un festival calipso el día treinta y uno de mayo.

TURISTA: ¿Cuánto valen las entradas?

RECEPCIONISTA: Para el concierto de música popular, las entradas valen ocho libras cincuenta o nueve libras cincuenta.

TURISTA: ¿Por qué hay esta diferencia de precio?

RECEPCIONISTA: Hay entradas anticipadas y también entradas compradas el día del concierto. Las entradas compradas el día del concierto son las más caras. También hay una entrada para los tres días.

TURISTA: ¿Puede enviarme un programa? Mi dirección es calle Sagasta 19, 18600 Motril. Mi nombre es Moreno M–O–R–E–N–O.

Comprensión

1 a) No, es el día 3 de mayo. b) No, es el 0622 872068. c) No, es el día 31 de mayo. d) No, es el día 16 de mayo. e) No, es el día 4 de julio.

Ejercicios

1
– Buenos días.
– Sí Señor. ¿Puedo ayudarle?
– Sí Señora. ¿Hay un concierto de música de los años sesenta este verano?
– Sí. Es el día 25 de julio.
– ¿A qué hora?
– A las dieciocho horas y treinta
– ¿Hay otros conciertos?
– Sí, hay dos conciertos de música de los años setenta, el día 23 y el día 24 de julio.
– ¿Cuánto valen las entradas?
– Las entradas anticipadas valen ocho libras cincuenta y las entradas compradas el día del concierto valen nueve libras cincuenta. Para los minusválidos y los pensionistas las entradas valen seis y siete libras. Son los precios para un concierto.
– ¿Hay una entrada especial para los tres conciertos?
– Sí, la entrada para los tres conciertos es veintidós libras.
– ¿Y los tres conciertos empiezan a la misma hora?
– No. El concierto del día 23 julio empieza a las veinte horas. Los otros conciertos empiezan a las dieciocho y treinta.
– Gracias Señora. Es usted muy amable.
– De nada. ¡Adiós!

SITUACION C

mi marido ¡me encanta Inglaterra! el jabón miel y galletas . . . . . . en el estante tazones y

vasos   una casita de cerámica   bonito/precioso
un lápiz   una goma de borrar   voy a mirar   un
hijo/una hija

TURISTA: Buenos días Señor. Busco algunos
regalos para mi marido y mis niños. ¡Me
encanta Inglaterra! En particular las cosas
tradicionales.

EMPLEADO: Tenemos una variedad de regalos –
jabones, colonias. También hay mermeladas,
miel y galletas allí en el estante.

TURISTA: Muy bien.

EMPLEADO: Hay también tazones y vasos.

TURISTA: ¿Y para los niños?

EMPLEADO: ¿Son pequeños?

TURISTA: La niña tiene seis años y el niño cuatro
años.

EMPLEADO: Para la niña hay casitas de cerámica
muy bonitas, y para el niño hay pósters,
lápices y gomas de borrar.

TURISTA: Bien. Voy a mirar. Entonces, este
precioso póster para mi hijo, una pequeña
casita para mi hija, y estos tazones ingleses
para mi marido.

EMPLEADO: Gracias Señora. Veinticinco libras
cuarenta en total.

Comprensión

1 a) ¿Es posible visitar los hornos para secar
lúpulo? b) ¿Hay un restaurante? c) ¿Hay
animales que ver? d) ¿Hay una piscina?
e) ¿Hay una área de recreo para los niños?
f) ¿Hay un hotel?
2 a) un precioso póster b) la tienda de
regalos c) hay mermeladas en el estante d) mi
marido e) hay miel y galletas f) me encanta
Inglaterra

Ejercicios

2
– Buenos días Señor. Busco algunos regalos
para mi mujer y mis niños.
– Tenemos una variedad de regalos – tazones,
pisapapeles, bandejas. Hay también
mermeladas, caramelos y galletas en el
estante. ¿Son pequeños los niños?
– Mi hijo tiene diez años, y mi hija trece años.
– Hay maquetas para el niño y preciosos
marcadores de libros para la niña.
– Voy a mirar. Entonces, un pisapapeles para mi
mujer, una maqueta para mi hijo, una casita
de cerámica para mi hija y unos caramelos
para mí.
– Gracias Señor. Son diecinueve libras setenta
en total.

Unidad 10

SITUACION A

explicar   una gamba   una salsa rosa   todos los
platos vienen . . .   . . . con guarnición de
verduras   elegir   las legumbres del día   los
guisantes   las zanahorias   el repollo

SR. HERNANDEZ: Perdón Señorita, ¿puede
explicar una cosa?

CAMARERA: Por supuesto Señor.

SR. HERNANDEZ: ¿Qué es exactamente el *prawn
cocktail?*

CAMARERA: Son gambas en una salsa rosa.

SR. HERNANDEZ: ¿Y el *grilled trout?*

CAMARERA: Es una trucha a la plancha.

SR. HERNANDEZ: ¿Y todos los platos vienen con
guarnición de verduras?

CAMARERA: Sí Señor. Todos los platos vienen
con guarnición de patatas y entonces puede
elegir una de las legumbres del día. Hoy hay
guisantes, zanahorias o repollo.

SR. HERNANDEZ: ¿Y el *strawberry sorbet?* ¿Qué es
strawberry?

CAMARERA: Es fresa Señor. Es un sorbete de
fresa.

Comprensión

1 i) el repollo ii) los puerros iii) las cebollas
iv) las coles de Bruselas v) la coliflor vi) los
champiñones

Ejercicios

1 1) cordero en salsa de menta
2) champiñones 3) un pastel de cerezas 4) un
sorbete de naranja 5) un helado de chocolate
6) una tarta de queso
2 a) todos los platos vienen con guarnición de
verduras b) un sorbete de limón c) un pastel
de café d) peras en vino tinto e) una tarta de
manzana f) queso con bizcochos
3
– Perdón Señor, ¿puede explicar una cosa?
¿Qué es exactamente el *prawn cocktail?*
– Son gambas en una salsa rosa.
– ¿Y el *roast chicken?*
– Es pollo asado.
– ¿Todos los platos vienen con guarnición de
verduras?
– El pollo viene con guarnición de verduras del
día, hoy hay coles de Bruselas, puerros y
zanahorias.
– ¿Y con el chile con carne?

– No, el chile con carne viene con arroz.
– ¿Y los helados? ¿Qué sabores hay?
– Hay helado de fresa, de vainilla o de chocolate.

SITUACION B

¿han elegido? para empezar los huevos en mayonesa el plato principal la chuleta la carne de cerdo el lenguado las judías verdes el vino rosado

CAMARERO: Señor y Señora, ¿han elegido?
SR. ROCA: Sí. La Señora va a tomar el potaje para empezar. Y para mí, los huevos en mayonesa.
CAMARERO: Muy bien Señor. ¿Y el plato principal?
SRA. ROCA: La chuleta de carne de cerdo.
CAMARERO: Sí, ¿y para el Señor?
SR. ROCA: Voy a tomar el lenguado a la plancha.
CAMARERO: ¿Y de verduras?
SRA. ROCA: Patatas cocidas, guisantes y judías verdes.
CAMARERO: ¿Y para beber?
SR. ROCA: Una botella de vino rosado y una jarra de agua.
CAMARERO: Muy bien Señor.

Ejercicios

1 Antonio: He elegido la sopa de verduras para empezar, y entonces he tomado la carne asada. Y para terminar he pedido un sorbete de limón. ¿Para beber? Vino tinto.
María: He bebido agua mineral, y he pedido el cocktail Florida y el pollo en vino tinto. Para terminar he tomado el queso.
Jorge: He empezado con los huevos en mayonesa, y como plato principal he elegido el salmón a la plancha. Después he tomado queso y un pastel de chocolate. He bebido vino blanco.
2
– ¿Han elegido?
– Sí, para la Señora, la sopa de verduras. ¿Qué es exactamente el *Florida Cocktail*?
– Son trozos de naranja y de pomelo.
– Entonces, tomo los huevos con mayonesa.
– ¿Y cómo plato principal?
– La carne asada para la Señora, y el pollo para mí. ¿Y las verduras del día?
– Hay judías verdes, zanahorias y patatas cocidas.
– ¡Estupendo!
– ¿Y para beber?

– Una botella de Valdepeñas y una jarra de agua.
– Entonces, para empezar, una sopa de verduras y huevos con mayonesa. Como plato principal carne asada y pollo con las verduras del día. Y para beber, una botella de Valdepeñas y una jarra de agua.

SITUACION C

hablar el jefe de comedor lleno de gente un bistec poco asado traer bien asado la cuenta demás el patrón... ... le ofrece una mejor calidad

JEFE: ¿Hay un problema Señora?
SRA. GARRIDO: Sí. Cuando he llegado, he esperado veinte minutos para una mesa.
JEFE: Lo siento Señora, pero el restaurante está lleno de gente hoy.
SRA. GARRIDO: De acuerdo, pero he pedido un bistec poco asado, y la camarera ha traído un bistec bien asado.
JEFE: Discúlpenos Señora.
SRA. GARRIDO: No es todo. Ha traído patatas fritas, y yo he pedido patatas cocidas. Y no ha traído las zanahorias.
JEFE: Voy a hablar con la camarera inmediatamente.
SRA. GARRIDO: Y en la cuenta, hay una botella de vino de más.
JEFE: Lo siento muchísimo Señora. El patrón le ofrece un descuento de veinte por ciento.
SRA. GARRIDO: Muy bien, pero espero una mejor calidad de servicio la próxima vez.

Ejercicios

1
– ¿Hay un problema Señor?
– Sí. Hay algunos errores en la cuenta. He pedido el *Prawn Cocktail* y aquí hay el *Florida Cocktail*.
– Lo siento Señor.
– Además he pedido un bistec bien asado y el camarero ha traído un bistec poco asado.
– Lo siento muchísimo Señor.
– Entonces, ¿qué va a hacer?
– Voy a hablar con el cocinero inmediatamente. El patrón le ofrece un descuento de quince por ciento.
– De acuerdo, pero espero un mejor servicio la próxima vez.
2 Para empezar, hemos pedido el potaje. Entonces, Ana ha elegido el pollo, y yo he tomado la trucha como plato principal. Para

beber, hemos bebido un agua mineral cada uno, y Ana ha tomado un vino también. De postre he pedido un helado de vainilla pero Ana no ha tomado nada. Después de comer, hemos pedido el café.

3 a) veinticinco libras cuarenta b) veintidós libras cincuenta y cinco.

Unidad 11

SITUACION A

algo   una sala   la vida   a lo largo de . . .
. . . varios siglos   trajes de la época   cotidiano
dejar   pasar   tanto tiempo   un juego

SR. SANCHEZ: Perdón Señorita. ¿Puede explicar algo sobre el centro?

EMPLEADA: Por supuesto Señor. En cada sala hay una exposición sobre la vida en Gran Bretaña a lo largo de varios siglos, desde el siglo dieciséis hasta el siglo veinte. Hay trajes de la época y exposiciones sobre la vida cotidiana de cada siglo.

SR. SANCHEZ: Muy interesante. ¿Cuánto tiempo hay que dejar para cada sala?

EMPLEADA: Alrededor de media hora cada sala, pero no están obligados pasar tanto tiempo.

SR. SANCHEZ: ¿Y es interesante para los niños?

EMPLEADA: Sí. Hemos preparado algunos juegos y un cuestionario sobre cada sala para los jóvenes visitantes.

SR. SANCHEZ: Pero los niños no van a entender. Solamente hablan español.

EMPLEADA: Todos los folletos están escritos en español Señor. Puede comprar las guías y los cuestionarios en la entrada.

Ejercicios

1
– ¿Puede explicar algo sobre el centro?
– Por supuesto. Hay seis salas.
– ¿Qué hay en cada sala?
– En cada sala hay coches del siglo veinte.
– Muy bien. ¿Cuánto tiempo hay que dejar para cada sala?
– Alrededor de 25 minutos cada sala.
– ¿Y es interesante para los niños?
– Sí. Hay un cuestionario para los jóvenes visitantes.
– ¿Y es en español?
– Sí, puede comprar el cuestionario en la entrada. Vale una libra cincuenta.

SITUACION B

una visita con guía   hacer una gira   ver   los salones privados   alquilar   una grabación   los auriculares   extranjero   a menudo

EMPLEADA: Hay visitas con guía del museo disponibles.

SR. LORCA: ¿Y cuánto tiempo duran?

EMPLEADA: Hay dos visitas con guía. La primera dura una hora y la segunda dura dos horas.

SRA. LORCA: ¿Y qué es la diferencia entre las dos?

EMPLEADA: Durante la primera visita, hay una gira de todas las salas del museo. Durante la segunda puede ver los jardines y los salones privados.

SR. LORCA: ¿Las guías hablan español?

EMPLEADA: No, pero puede alquilar una grabación y auriculares. Tiene un comentario en español. Los visitantes extranjeros alquilan estas grabaciones a menudo.

SR. LORCA: ¿Dónde podemos alquilar los auriculares?

EMPLEADA: Allí, cerca de la entrada. Vale una libra cada persona.

SRA. LORCA: Gracias Señora.

Comprensión

2 a) El está abierto entre abril y septiembre desde las diez horas y treinta hasta las dieciocho horas. Durante los otros meses está abierto hasta las dieciséis horas.   b) Cierra el día de Navidad y el día de Año Nuevo.   c) Valen £1.25 para adultos, 80p para los niños y pensionistas; niños menores de 5 años y minusválidos gratis.
d) Cuaranta y cinco minutos antes de cerrar.
e) 80p para los adultos; niños y pensionistas 60p; colegios de West Glamorgan 40p; los bebés y los minusválidos gratis.

Ejercicios

1 Durante mi tiempo libre visito a los museos a menudo porque la historia y las antigüedades me entcantan. Cuando voy a los museos ingleses siempre alquilo los auriculares para escuchar el comentario en español. En España voy al cine de vez en cuando. ¿Los parques de atracciones? ¡Nunca! ¡Odio los parques de atracciones!
2
– ¿Hay visitas con guía?
– Todas las visitas son con guía.
– ¿Hay que reservar una visita con guía?
– No, no es necesario, pero si es un grupo de diez personas, por favor, llamar para decir a que hora llegan.

– ¿Cuánto vale la visita?

– Es gratis.

– ¿Cuánto tiempo dura la visita?

– La visita dura alrededor de 45 minutos.

– ¿Cuándo hay visitas con guía?

– Desde el lunes hasta el jueves, desde las nueve horas y treinta hasta quince horas y treinta. El viernes, desde las nueve horas y treinta hasta el mediodía. El sábado, desde las nueve horas y treinta hasta las quince horas.

– ¿Puede visitar un grupo de cien personas a la vez?

– No. Hay un límite de 50 personas.

SITUACION C

un bolso   necesitar   estar seguro   quizás ¿cómo es su bolso?   de cuero negro   una cartera   lo peor de todo   en todas partes alguien   encontrar

SRA. HIDALGO: Perdón Señor. Necesito su ayuda. He perdido mi bolso.

EMPLEADO: Sí Señora. ¿Dónde ha perdido el bolso exactamente?

SRA. HIDALGO: No estoy segura. Quizás en la tienda de regalos.

EMPLEADO: ¿Cómo es su bolso?

SRA. HIDALGO: Es de cuero negro.

EMPLEADO: ¿Hay muchas cosas en el bolso?

SRA. HIDALGO: Sí. Hay mi cartera, las llaves del coche, las tarjetas de crédito y lo peor de todo, mi pasaporte.

EMPLEADO: ¿Ha mirado en todas partes?

SRA. HIDALGO: Claro que sí, ¡pero no he encontrado nada!

EMPLEADO: Espere un momento por favor. Voy a hacer un aviso público. Si alguien ha encontrado su bolso, va a venir aquí.

SRA. HIDALGO: Muchas gracias Señor.

Ejercicios

1 Ana: He encontrado una cartera de cuero negro.   Pedro: He perdido un mechero de oro.   Cristina: No he perdido nada.   Javier: He encontrado un pañuelo de seda azul.

2

– Perdón. Necesito su ayuda. He perdido mi cartera.

– ¿Dónde ha perdido la cartera exactamente?

– No estoy seguro. Quizás en el restaurante.

– ¿Cómo es la cartera?

– Es de cuero gris.

– ¿Hay muchas cosas en la cartera?

– Sí, hay dinero, tarjetas de crédito y mi permiso de conducir.

– ¿Ha mirado en las salas?

– Sí, pero no he encontrado nada.

– Voy a hacer un aviso público. Si alguien ha encontrado la cartera, va a venir a la oficina de información.

3 a) He encontrado un mechero de plata.

b) Hemos perdido unas llaves.   c) Pilar ha encontrado algo en la tienda de regalos.

d) Tiene que mirar en la primera sala.

Unidad 12

SITUACION A

la fecha   la semana anterior/siguiente   la Feria Comercial   resulta más fácil   todavía   la sala de conferencias   mide 9 metros por 10 metros por escrito   le envío un fax

RECEPCIÓN: Royal Arcade Hotel . . .

SRA. BANDERAS: Quiero cambiar la reservación de una conferencia por favor.

RECEPCIÓN: Un momento por favor, no cuelgue. Le pongo con el servicio de reservaciones.

EMPLEADO: Servicio de reservaciones. ¿Puedo ayudarle?

SRA. BANDERAS: Soy Señora Banderas de Trans-Iber. Lo siento, pero tenemos que cambiar nuestra reservación.

EMPLEADO: ¿Quiere cancelar?

SRA. BANDERAS: No, tenemos que cambiar las fechas.

EMPLEADO: Entonces, ¿qué fechas quiere ahora?

SRA. BANDERAS: ¿Es posible la semana anterior, desde el día 11 hasta el día 13 de abril?

EMPLEADO: Espere un momento por favor . . . es muy difícil; es la semana de la Feria Comercial. El hotel está completo durante esos días.

SRA. BANDERAS: ¿Y la semana siguiente entonces, desde el día 18?

EMPLEADO: Resulta más fácil. ¿Es todavía para treinta personas?

SRA. BANDERAS: No, hay tres personas más.

EMPLEADO: Muy bien. Está notado. No hay problema porque la sala de conferencias mide 9 metros por 10 metros y es para cincuenta personas. ¿Puede confirmar las fechas y el número de participantes por escrito por favor?

SRA. BANDERAS: Sí. Le envío un fax inmediatamente.

Comprensión

1 a) Retroproyección b) teléfono directo
c) servicio de traducción simultánea d) previo
encargo e) servicio de azafatas

Ejercicios

1 a) un bufete para 15 personas b) un servicio
de azafatas c) una sala de 7 metros por 6
metros d) una sala de vídeo e) un servicio de
traducción simultánea f) un servicio de fax
g) una sala para cien personas h) equipos
audiovisuales
2
– ¿Cuántas salas hay?
– Hay dos salas. Una sala y una antesala.
– ¿Qué es la capacidad de cada sala?
– La sala es para sesenta personas y la antesala
  para veinte personas.
– El mobiliario, ¿es fijo?
– No, es modular adaptable a distintas
  distribuciones.
– ¿Qué son las dimensiones de cada sala?
– La antesala mide 6 m 50 por 7 m 30 y la sala
  principal mide 7 m por 7 m 64.
– ¿Qué servicios hay en las salas?
– Hay megafonía.

SITUACION B

una sala de reunión   mobiliario adaptable   la
voy a buscar   resérvelos   no dude en llamar   un
encargado   hasta el lunes que viene

(Por teléfono, el servicio de reservaciones.)
EMPLEADO: . . . ¿Y es para cuántas personas?
SRA. GALLO: Para sesenta personas.
EMPLEADO: ¿Quiere una sala de conferencias o
  de reunión?
SRA. GALLO: ¿Qué son las dimensiones de la sala
  de conferencias?
EMPLEADO: Ocho metros cincuenta por nueve
  metros cuarenta. La capacidad para setenta y
  cinco personas.
SRA. GALLO: De acuerdo. Resérvela. ¿Y qué
  servicios hay?
EMPLEADO: Hay mobiliario adaptable,
  microfonía y equipos audiovisuales.
SRA. GALLO: ¿Puedo reservar un servicio de
  retroproyección y de fotocopias también?
EMPLEADO: Sí, pero hay que pagar un
  suplemento.
SRA. GALLO: ¿Qué es la tarifa?
EMPLEADO: Un momento . . . la voy a buscar.
  Entonces vale cuarenta libras al día.
SRA. GALLO: Muy bien. Entonces resérvelos.

EMPLEADO: Hay también un servicio de fax si lo
  necesita.
SRA. GALLO: Sí, quizás lo vamos a utilizar.
EMPLEADO: No dude en llamar John Watkins,
  nuestro encargado de conferencias si hay
  algún problema.
SRA. GALLO: Bien. Muchas gracias. Hasta el
  lunes que viene.

Ejercicios

1 a) Ana tiene la llave. Ana la tiene. b) Recibo
el fax. Lo recibo. c) Pagamos la cuenta. La
pagamos. d) Emilio espera los participantes.
Emilio los espera. e) Voy a enviar las cartas. Las
voy a enviar. f) Juan va a reservar el servicio de
fotocopias. Juan lo va a reservar.
2
– ¿Qué tipo de reuniones hay?
– Hay conferencias de veinticuatro horas,
  conferencias de una jornada, y también
  reuniones matinales.
– ¿Qué tipo de habitación tienen los
  participantes?
– Cada participante tiene una habitación de
  primera clase con cuarto de baño privado.
– ¿Qué comidas están incluidas en el precio?
– La cena con café, y el desayuno inglés.
  Durante la conferencia: el café de la mañana,
  el almuerzo y la merienda. Pero si es una
  conferencia de una jornada, la cena, el
  desayuno y la habitación no están incluidos
  en el precio.
– ¿Qué facilidades del hotel son disponibles
  para los participantes después de una
  conferencia?
– Los participantes pueden utilizar la piscina, la
  sauna y tienen la entrada al 'Country Club'.
– ¿Qué refrescos hay en la sala de
  conferencias?
– Hay zumos y también un bar, pero hay que
  pagar las bebidas.
– ¿Qué tipos de pizarras hay en la sala?
– Hay unos tableros de mostrador y también un
  tablero con hojas de papel.

SITUACION C

estar listo   pienso que . . .   vamos a ver   las
consumiciones   los aperitivos   tenemos
anotada . . .   . . . una llamada a España   de una
duración de . . .   es verdad   lo he olvidado

RECEPCIONISTA: Buenos días Señora. ¿Puedo
  ayudarle?

Sra. Castro: Habitación número 26, Señora Castro, ¿mi cuenta está lista?

Recepcionista: Sí, está lista Señora.

Sra. Castro: Pienso que hay un error. ¿Está segura que ésta es mi cuenta?

Recepcionista: Habitación número 26, sí, eso es. ¿Dónde está el error? Vamos a ver.

Sra. Castro: Hay treinta libras de más en la cena del lunes, y quince libras para el teléfono . . .

Recepcionista: Las treinta libras son por las consumiciones, ¿ha pedido vino y aperitivos?

Sra. Castro: Sí, tiene usted razón.

Recepcionista: Y el teléfono, tenemos anotada una llamada a España de una duración de quince minutos.

Sra. Castro: Ay sí, es verdad, lo he olvidado. He llamado a mi marido. Lo siento muchísimo . . .

Recepcionista: No importa Señora. ¡Esto ocurre! Entonces, ¡buen viaje! Gracias por su visita.

Ejercicios

1 Client 1: He pasado una visita excelente en este hotel tranquilo. El servicio es rápido y tiene una vista estupenda del campo de golf y del castillo. Me ha encantado y lo voy a recomendar a mis colegas.

Client 2: No estoy muy contento. Las habitaciones no son cómodas y no tienen televisión. Además, la comida es cara y poco apetitosa. Voy a pedir un descuento.

2 a) ¡Que aproveche! b) ¡Adiós y buen viaje!
c) ¡Enhorabuena! d) Lo siento mucho Señor.
e) Lo siento Señor, vamos a ver. f) Buenas noches.

3

– Señor, aquí tiene su cuenta.
– Gracias. Aquí tiene mi tarjeta de crédito.
– Muchas gracias, ¿cómo ha ido la conferencia?
– Muy interesante gracias, y el hotel es muy cómodo.
– ¿Van a volver el año que viene?
– Espero que sí. El ambiente es perfecto y el servicio es excelente.
– Muchas gracias Señor. ¡Adiós y buen viaje!
– Gracias. ¡Adiós Señorita!

Assignment 1

Task One

Buenos días. Quiero dos habitaciones para dos personas con cuarto de baño, y una habitación individual con ducha privada por favor. Es a nombre de la señora Serrano S–E–R–R–A–N–O. Mi número de teléfono es el 19.15.20.05.